www.tredition.de

AF169999

Konrad Zenz

Ängste
Zwänge
Panikattacken
Depressionen

- es kann jeden treffen!

Ein Erfahrungsbericht, Ratgeber und Mutmacher von einem Betroffenen für Betroffene und alle anderen Interessierten an diesem Thema

www.tredition.de

© 2017 Konrad Zenz
Umschlaggestaltung und Bilder: Konrad Zenz

Verlag: tredition GmbH, Hamburg

ISBN
Paperback: 978-3-7345-9729-9
Hardcover: 978-3-7345-9730-5
e-Book: 978-3-7345-9731-2

Printed in Germany

Das Werk, einschließlich seiner Teile, ist urheberrechtlich geschützt. Jede Verwertung ist ohne Zustimmung des Verlages und des Autors unzulässig. Dies gilt insbesondere für die elektronische oder sonstige Vervielfältigung, Übersetzung, Verbreitung und öffentliche Zugänglichmachung.

Bibliografische Information der Deutschen Nationalbibliothek: Die Deutsche Nationalbibliothek verzeichnet diese Publikation in der Deutschen Nationalbibliografie; detaillierte bibliografische Daten sind im Internet über http://dnb.d-nb.de abrufbar.

Inhaltsverzeichnis

Vorwort...7

Wie alles begann...9

Der Schauspieler (and the Oscar goes to …)...........16

Der Zusammenbruch und die daraus folgende Erkenntnis 21

Der weitere Verlauf mit wichtigen Anlaufstellen........24

Der Psychotherapeut...26

Die Psychiaterin...29

Die Reha-Klinik..34

Die Akut-Klinik...40

Zwischenbilanz und bisherige Erkenntnisse...........45

Wissensdurst stillen und was mir persönlich gut getan hat 50

Informationen kompakt zum Thema Stress, Stressbewältigung und Zeitmanagement...............................58

HRV-Analyse des vegetativen Nervensystems.................84

Die Krankenkasse und meine Vorbereitungen und Gedanken zum Arbeitsplatz..................87

Die Wiedereingliederung......................91

Der weitere Verlauf für die nächsten 2 Jahre...................97

Der Rückschlag......................107

Grundvertrauen wiedererlangen in Körper und Geist......117

Persönliche Sichtweisen, Überzeugungen und ein kurzes Fazit..................121

Zusammenfassung......................124

Vorwort

Liebe Leserinnen und Leser,
liebe(r) Betroffene(r) oder Interessierte(r)!

Ich werde oft gefragt, warum ich mit diesem Tabuthema so offen umgehe und jetzt auch noch ein Buch darüber schreibe. Nun, die Antwort ist eigentlich ganz einfach.

Nachdem ich die schwierigste Phase meines Lebens durchlaufen und so viel Leid und Kummer selbst erlebt und bei anderen erfahren habe, wuchs in mir immer mehr folgender Gedanke heran:

Ich will betroffenen Menschen Mut machen, damit sie spüren, dass sie mit ihrer Krankheit, den Sorgen, Ängsten und Problemen nicht alleine sind und es sich wirklich lohnt, alles zu versuchen, um den Teufelskreislauf zu durchbrechen.

Aus diesem Grund schildere ich am Anfang eine kurze Episode aus meinem Leben, damit Sie merken, welchen Bezug ich zu diesem Thema habe.

Danach erläutere ich, warum es eigentlich soweit gekommen ist, wie es weiterging und vor allem, was ich alles unternommen habe bzw. mir gut getan hat.

Sie werden mich Schritt für Schritt von den ersten Symptomen, über den Zusammenbruch bis hin zur Wiedereingliederung begleiten. Zusätzlich werden Sie etliche Entspannungsmethoden, Stressbewältigungstechniken und noch nicht so Bekanntes kennenlernen.

Allerdings werde ich keinerlei Namen von Personen, Orten, Einrichtungen, Kliniken oder Medikamenten nennen und möchte dies auch gerne erklären.

Zum einen geht es um rechtliche Aspekte, aber der viel wichtigere Punkt ist, dass jeder Mensch, Gott sei Dank, anders ist. Was für mich hilfreich war, kann bei einem anderen vielleicht negativ oder sogar schädlich sein.

Jeder muss deshalb für sich selbst herausfinden, was gut für ihn ist. Die verschiedenen Methoden und Techniken sind alle erlernbar und die einzelnen Stationen, welche ich selber durchlebt habe, zeige ich hier sehr gerne auf.

Dies ist aber natürlich keine wissenschaftlich fundierte Analyse, die ich hier wiedergebe, sondern es sind meine ganz persönlichen Erfahrungswerte, Schlussfolgerungen und eigene Strategien zur Bewältigung hierfür.

Mein Weg zurück in ein halbwegs „normales" Leben soll unterschiedliche Möglichkeiten aufzeigen und den betroffenen Menschen Mut machen.

Allen anderen, die zwar schon auf einem gefährlichen Weg, aber zum Glück noch gesund sind, kann ich nur raten: Handeln Sie bitte frühzeitig präventiv, damit Sie erst gar nicht in so eine Situation geraten.

Herzlichst

Konrad Zenz

Wie alles begann

Bis zu meinem 35. Lebensjahr ging ich fest davon aus, dass ich niemals, wirklich niemals in meinem Leben irgendwann einmal an psychischen Störungen erkranken könnte. Dies war für mich ein Ding der Unmöglichkeit. Ich dachte immer, wenn man mit beiden Beinen fest im Leben steht und im privaten wie im beruflichen Bereich absolut glücklich und zufrieden ist, kann so etwas nicht geschehen.

Ich gebe offen zu, dass ich bis zu diesem Zeitpunkt die selben Vorurteile hatte wie so viele andere auch und es mir schleierhaft war, warum die betroffenen Menschen sich so anstellen und seltsam verhalten.

Sätze wie:

„Mensch, Kopf hoch, das wird schon wieder werden"

„Jetzt reiß Dich mal zusammen"

„Wir haben genau so viel Stress wie Du, aber wir stellen uns nicht so an"

oder

„Was ist denn jetzt schon wieder mit Dir los"

... waren auch meine Gedanken und Worte.

Dass es sich dabei um eine schwere Erkrankung handelt und die betroffenen Personen absolut nichts dafür können, war mir zu diesem Zeitpunkt weder bekannt noch bewusst.

Meine feste Überzeugung war, dass es eventuell jeden treffen kann, aber sicherlich nicht mich.

Doch ich wurde leider eines besseren belehrt.

Mit Mitte 30 hat sich mein Leben komplett verändert. Ich war wochenlang irgendwie kaputt, erledigt, erschöpft, müde, nervös und hatte Ein- und Durchschlafstörungen. Zusätzlich bekam ich Ausfallerscheinungen an den Augen bzw. hatte ein seltsames Sehen, als ob ich irgendwie neben mir stehe.

Also beschloss ich, mich gründlich untersuchen zu lassen.

Mein erster Weg führte mich zum Hausarzt. Nach einigen Untersuchungen, Blutabnahme und EKG-Kontrolle wurde mir gesagt, dass alles in Ordnung ist. Wegen der Sehstörung bekam ich dann noch eine Überweisung zum Augenarzt.

Hier wurden ebenfalls einige Tests gemacht und dabei festgestellt, dass ich einen gewissen Gesichtsfeldausfall habe. Da ich zu diesem Zeitpunkt aber sehr müde und unkonzentriert war, wurde zur Kontrolle am nächsten Morgen der selbe Test noch mal durchgeführt.

Als das Ergebnis vom Vortag bestätigt wurde und ich den besorgten Gesichtsausdruck meiner Augenärztin sah, war mir etwas mulmig. Sie sagte mir, dass dringend abgeklärt werden muss, ob es ein krankheitsbedingter Auslöser im Kopf ist.

Nachdem mir nahegelegt wurde, schnellstmöglich eine Augenklinik aufzusuchen und ich auch schon gleich sämtliche Unterlagen mitbekommen habe, wich dem mulmigen Gefühl die nackte Angst.

Es wurde zwar versucht mich zu beruhigen, doch innerlich kreisten wilde Gedanken.

Habe ich einen Tumor?

Muss ich am Kopf operiert werden?

Meine Aufregung wurde sekündlich stärker. Zum Glück befand sich eine empfohlene Augenklinik nur ca. 30 Kilometer entfernt.

Ich wurde noch am selben Tag hingefahren und die ersten Untersuchungen begannen. Zuletzt gab es noch eine Kernspintomographie und ein abschließendes Gespräch. Hier wurde mir gesagt, dass es keine Anzeichen einer Erkrankung gibt, allerdings der Gesichtsfeldausfall nach wie vor besteht. Deshalb sollte ich am nächsten Tag zur Kontrolle nochmal vorbei kommen, was ich auch tat.

An der Sehstörung hatte sich dabei leider nichts geändert und als mögliche Ursache wurde massive Erschöpfung und Müdigkeit in Betracht gezogen.

Ich wurde daraufhin mit dem Hinweis entlassen, noch einmal einen kompletten Check beim Hausarzt zu machen.

Das tat ich auch und diesmal gab es überraschenderweise Auffälligkeiten beim Blutbild. Ich hatte zu wenig Leukozyten, sprich weiße Blutkörperchen, was mich auf Grund einer familiären Vorgeschichte sehr besorgte. Mir wurde aber gesagt, dies sei schon mal möglich und kein Grund zur Sorge. Bei Gelegenheit wird mir zur Kontrolle erneut Blut abgenommen.

In der Zwischenzeit wurde ich an ein Schlaflabor überwiesen, welches aber keine neuen Erkenntnisse bezüglich meiner Erschöpfung und Müdigkeit lieferte.

Mein nächster Weg führte mich zum Neurologen. Dieser führte Strommessungen und weitere Untersuchungen durch und veranlasste auch eine weitere nochmalige Kernspintomographie, diesmal zusätzlich mit einem Kontrastmittel. Hier gab es auch tatsächlich einen Zufallsbefund, welcher aber als ungefährlich erachtet wurde.

Für mich war das allerdings alles andere als beruhigend und ich machte mir viele Sorgen und Gedanken um meine Gesundheit.

Zur Kontrolle kam ich in eine Spezialklinik, wo nochmals alle Ergebnisse und Auswertungen angesehen wurden. Nach dem sie selbst noch einige Untersuchungen durchführten wurde mir gesagt, dass so weit alles in Ordnung ist und ich ein Kontrollbild des Kopfes in ein paar Monaten machen soll.

Mittlerweile gab es auch ein neues Blutbild von mir und leider hatte ich wieder zu wenig Leukozyten.

Meine Gedanken rasten.

Ist es Leukämie?

Habe ich diese oft todbringende Krankheit in mir?

Ich habe Angst, ich will nicht sterben!

Nun wurde ich zu einem Hämatologen überwiesen, welcher die Leukopenie untersuchte. Die Werte waren dort dann aber wieder in Ordnung und es konnte auch sonst nichts festgestellt werden.

Bei mir und in mir war zu diesem Zeitpunkt aber schon lange nichts mehr in Ordnung. Ich hangelte mich von einer Aufregung, Angst und Panik zur nächsten. Da ich noch nie irgendeine Art von psychischen Problemen hatte und auch Stressauswirkungen mir nicht geläufig waren, habe ich weder an diese Möglichkeiten gedacht noch hätte ich es geglaubt.

Schön langsam war meine feste Überzeugung, dass irgendetwas übersehen wurde oder die Zufallsbefunde doch nicht so harmlos waren.

Ich bilde mir meine Beschwerden ja nicht ein, dachte ich.

Nach nochmaligen, mehrmonatigen Untersuchungen gab es keine weiteren neuen Erkenntnisse. Mittlerweile war es auch wieder Zeit für die Verlaufskontrolle vom Kopf, welche den selben Zufallsbefund vom letzten Mal bestätigte und wieder als ungefährlich eingestuft wurde.

Obwohl sich sogar mein Gesichtsfeldausfall besserte und ich wieder weitgehend gute Werte hatte, konnte mich das nicht beruhigen, da meine anderen Beschwerden nach wie vor vorhanden waren.

Es kamen auch immer öfter neue Symptome dazu, z.B.:

- Klos im Hals und Schluckprobleme, dass man denkt, man erstickt
- Beklemmendes Druckgefühl in der Brust, als wenn man einen Herzinfarkt bekommt
- Zittern am ganzen Körper, Schweißperlen auf der Nase
- Schreckhaft, permanentes Grübeln, innere Unruhe
- Aufschrecken in der Nacht, weil man das Gefühl hat, das Herz setzt aus oder schlägt unruhig
- Waschzwang, Gegenstände und Hände desinfizieren
- Angst vor Krankheiten (vor Viren und Bakterien)

usw., usw., die Liste würde sich beliebig fortsetzen lassen.

Zu diesem Zeitpunkt ging meine Ärzte-Odyssee schon seit mehr als einem Jahr. Die alten Beschwerden blieben und die neuen Symptome hatten mich mittlerweile täglich fest im Griff.

Als mir dann von meinem Hausarzt nahegelegt wurde, dass es vermutlich eher psychische Störungen sind, legte er mir einen Besuch bei einem Psychotherapeuten nahe.

Nach erfolgter Überweisung machte ich dann notgedrungen eine Verhaltenstherapie. Dies tat ich nur unter der Bedingung, keine Tabletten nehmen zu müssen.

Da ich zu diesem Zeitpunkt immer noch felsenfest davon überzeugt war, keine psychische Störung zu haben, war ich scheinbar weder in der Verfassung noch bereit dazu, mich ganz zu öffnen. Dadurch zeigte die Therapie auch leider nicht die erhoffte Wirkung und schon kurze Zeit nach Beendigung wurden meine Ängste, Zwänge und Probleme wieder viel größer.

Am meisten machte mir jetzt die Angst vor Krankheiten zu schaffen. Überall waren für mich krankmachende, wenn nicht sogar todbringende Viren und Bakterien im Umlauf. Ich habe innerlich fast durchgedreht, wenn jemand in meiner Nähe hustet, niest oder sich schnäuzt.

Dauernd überlegte ich, welche ansteckende oder unheilbare Krankheit ich bekommen könnte. Auch Gegenstände, welche andere Personen vor mir berührten, verursachten extreme Ängste.

Mittlerweile hatte ich auch massive Probleme, wenn ich irgendwo Geschirr, Besteck, Gläser oder Tassen benutzen sollte. Hier scannte ich schon vorsorglich, ob alles lupenrein und sauber ist. Zusätzlich sah ich mir die Personen von weitem genau an, wer den Gegenständen verdächtig nahe gekommen ist und in welcher gesundheitlichen Verfassung sie sich befanden.

Dies musste natürlich unauffällig und oftmals durch Ablenkung geschehen.

All das hat mental sehr viel Kraft gekostet. Es gab allerdings etwas, was fast noch schlimmer war.

Nämlich zum Gruß die Hand zu reichen. Hier vereinten sich für mich Viren, Bakterien und Keime zum gesundheitlichen Supergau. Als würden sie auf den Handflächen meines Gegenübers nur darauf warten, auf mich überzusiedeln und mich dann anzustecken.

Ich stellte mir alles mögliche vor. In die Handfläche geniest, geschnäuzt und zusätzlich noch sämtliche Gegenstände angefasst. Womöglich nach dem Toilettengang nicht die Hände gewaschen und/oder im allgemeinen gesundheitlich angeschlagen.

Und dieses Risiko sollte ich eingehen?

Auf gar keinen Fall, wenn ich es irgendwie vermeiden kann!

Händeschütteln war also die reinste Hölle und Qual. Hier erreichte meine Angstspirale oftmals den Höhepunkt.

Minimale Linderung erreichte ich nur, wenn ich die Gegenstände und meine Hände gewaschen und desinfiziert hatte.

Dies alles war ein sehr langsamer und schleichender Prozess und mir war extrem wichtig, dass es niemand mitbekommt.

Der Schauspieler (and the Oscar goes to …)

Ohne es selbst zu bemerken war ich im Laufe der Zeit in eine Abwärtsspirale geraten und dieser Teufelskreislauf zog mich immer weiter nach unten. Ich war nach wie vor der festen Überzeugung, dass eher bei den Untersuchungen etwas übersehen wurde als dass psychische Störungen für meine Probleme verantwortlich waren.

Da allerdings sämtliche allgemeinmedizinische, internistische, neurologische und augenärztliche Untersuchungen abgeschlossen waren und auch keine neuen mehr veranlasst wurden, war der Ärzte-Marathon fürs Erste beendet.

Dies war für mich sehr unbefriedigend, denn meine Beschwerden waren ja immer noch da und haben sich mit der Zeit auch extrem verschärft. Ich fühlte mich nicht verstanden. Hilflos, planlos und verängstigt stand ich nun da. Meine Gedanken ratterten pausenlos hin und her. Ich wusste nicht mehr was ich jetzt noch tun sollte.

Meine einzige Hoffnung war, dass die Probleme irgendwann einmal genau so wundersam verschwinden, wie sie gekommen sind. Bis es so weit war, wollte ich keine Schwäche zeigen und mein Leben so gut es geht aufrecht erhalten.

Zu diesem Zweck habe ich verschiedene Verhaltensmethoden entwickelt, welche natürlich völlig krankhaft, aber für mich persönlich absolut notwendig waren. Ich sah sie als meine Rettungsanker an, damit ich den Tag überhaupt überstehen konnte.

Hierzu einige Beispiele:

- Grundsätzlich hatte ich in jeder Tasche, Jacke, Schublade, Auto, Arbeitsplatz oder wo ich sonst noch war, viele Desinfektionstücher und Flaschen zum Reinigen von Gegenständen und/oder meinen Händen dabei. Selbstverständlich gut versteckt und nicht sichtbar.

- Wenn jemand hustete, nieste oder sich schnäuzte habe ich sofort die Luft angehalten und versucht, den Raum zumindest kurzfristig zu verlassen.

- Türklinken, öffentliche Drücker, Wasserhähne oder sonstige Sachen habe ich entweder mit dem Ellenbogen oder meinem Ärmel benutzt, aber nicht mit der nackten Haut angefasst.

- Nach dem Händeschütteln, sofern ich es nicht vermeiden konnte, musste ich danach sofort Hände waschen und desinfizieren und noch mal waschen. Mit waschen meine ich wirklich waschen und nicht nur kurz Wasser drüber und gut ist. Richtiges Händewaschen dauert ca. 30 Sekunden. Mit einer Seife reibt man sich die Handflächen, die Finger und deren Zwischenräume. Hört sich vielleicht etwas penibel an, aber es ist erwiesen, dass nur so die Hände dann wieder sauber sind.

Zur besseren Tarnung habe ich im Laufe der Zeit ganz automatisch zwei verschiedene Gesichter, ja fast schon Persönlichkeiten, entwickelt und aufgesetzt.

In der Öffentlichkeit: nett, freundlich, hilfsbereit, lustig, strebsam, kontrolliert, ordentlich, genau.

Alleine dann: müde, kaputt, erschöpft, ausgelaugt, hilflos, ängstlich, nachdenklich, panisch.

Zum besseren Verständnis schildere ich kurz einmal einen ganz normalen Tagesablauf zu diesem Zeitpunkt.

Nachdem ich wieder einmal wenig bis fast gar nicht geschlafen hatte, fuhr ich nach dem Frühstück in die Arbeit. Auf dem Weg dorthin pochte mein Herz schon wieder sehr heftig und unregelmäßig. Zusätzlich hatte ich einen Klos im Hals, innere Unruhe und zitterte am ganzen Körper.

In der Arbeit setzte ich dann mein öffentliches Gesicht auf und verbarg unter Einsatz meiner noch restlich verbliebenen inneren Kräfte meine Probleme. Niemand sollte und durfte meine Problematik mitkriegen. So habe ich unter Einbeziehung meiner schauspielerischen Fähigkeiten sämtliche Desinfektions- und Waschaktionen, welche ich mindestens 20 – 30 mal nur rein während der Arbeit durchführen musste, geschickt gemeistert. Diese verlorene Zeit holte ich dann durch länger in der Firma bleiben oder früher anfangen wieder rein. Selbstverständlich hat mich das jedes Mal mental sehr viel Kraft gekostet.

Nach der Arbeit war ich psychisch und physisch immer komplett am Ende. Auf dem Heimweg, nach dem ich außer Sichtweite war, viel ich dann in ein komplettes Loch und automatisch kam mein anderes Gesicht zum Vorschein.

Zuhause angekommen war ich zu nichts mehr zu gebrauchen. Da ich zum Kochen keine Kraft und Lust mehr hatte, wollte ich oft nur schnell eine Brotzeit (Wurst, Käse und Semmeln) kaufen.

Doch auch dies war meistens mit persönlichen Dramen verbunden.

Beim ersten Bäcker wurden die Semmeln mit der Hand angefasst, welche ich dadurch nicht mehr essen konnte. Beim zweiten wurde zwar ein Handschuh angezogen, aber die Verkäuferin machte für mich einen kränklichen Eindruck und deswegen schieden auch diese aus. Mit viel Glück wurde beim dritten Bäcker die Ware mit einer Zange genommen und somit hatte ich endlich meine Backwaren. Oftmals wurde aber auch das nichts und dann blieb nur noch abgepacktes Brot über.

Die Dramaturgie beim Metzger spare ich mir hier, denn es wurde definitiv nicht besser.

Nun musste ich auch noch schauen, dass ich die gekauften, aber für mich nicht mehr benutzbaren Waren in einem öffentlichen Papierkorb entsorgen konnte, da in meinem privaten Abfall oftmals kein Platz mehr war. Für viele ist das Einkaufen ein ganz einfacher und normaler Vorgang, für mich zu diesem Zeitpunkt leider nicht. Zusätzlich kam noch dazu, dass ich mich schämte, Lebensmittel wegzuwerfen.

Abends und im Bett setzte dann oftmals völlig unvorbereitet und ohne Grund wieder Herzklopfen, Herzrasen, innere Unruhe usw. ein, weshalb ich auch wieder nicht schlafen konnte. So verging ein Tag nach dem anderen.

Durch die ständige Angst vor Krankheiten habe ich mich auch immer mehr zurückgezogen und isoliert. Damit es keiner mitbekommt, musste ich mich auch hier oftmals der Schauspielerei betätigen.

Da es mir in den eigenen vier Wänden noch am Besten ging, habe ich dadurch leider sehr viele soziale Kontakte mit immer neuen Ausreden vernachlässigt. In meine Wohnung wollte ich so gut wie niemanden reinlassen, da ich sonst das Gefühl hatte, die Räume seien kontaminiert.

Die Angst vor Viren und Bakterien breitete sich auf viele Bereiche aus. Meine Kleidung z.B. erfuhr höchst seltsame Rituale.

Wenn ich bei irgendeinem Doktor war, musste ich mich zuhause sofort umziehen und sämtliche Kleidungsstücke, welche ich anhatte, separat waschen. War ich mal zufällig in einem Zug, Bus oder sonst wo, durfte ich mich mit dieser Kleidung zuhause nirgendwo mehr hinsetzen. Stuhl, Coach oder Bett waren bis zur nächsten Wäsche für diese Teile somit absolut tabu. Nur mit einer Kleidung, die nicht „draußen in der Welt" war, fühlte ich mich wohl.

In dieser unglaublich schwierigen Zeit war mir einfach nur wichtig, den Schein des „Normalen" zu wahren und meine Probleme zu überspielen.

Dies ist mir scheinbar auch wirklich gut gelungen, denn absolut niemand hatte etwas von meinen krankhaften Störungen bis dahin mitbekommen.

Der Zusammenbruch und die daraus folgende Erkenntnis

Mittlerweile hatte ich mich meinem Schicksal gefügt und meine falschen Verhaltensweisen perfektioniert. Allerdings wurde ich immer noch nervöser und unruhiger. Mein Herz schlug permanent gefühlt sehr schnell, hart und auch unregelmäßig. Ohne Grund schreckte ich immer wieder auf, da ich das Gefühl hatte, mein Herz setzt aus. Oftmals hatte ich auch einen Klos im Hals und ständig das Gefühl, nicht mehr schlucken zu können. Je mehr ich mich darauf konzentrierte, um so schlimmer wurde es. Zusätzlich grübelte ich die ganze Zeit über Krankheiten und die Bewältigung von den vielen Aufgaben in der Arbeit nach.

Dies alles hat extrem viel Kraft gekostet. Mein Motor lief zu diesem Zeitpunkt nur noch auf Reserve.

Jetzt kommt aber für viele Nichtbetroffene das wahrscheinlich noch irrsinnigere.

Da ich die Fassade nach außen nach wie vor unbedingt aufrecht erhalten wollte, habe ich noch 5 Jahre (in Worten fünf) unter schauspielerischer Höchstleistung meinen Zustand überspielt und mich verstellt.

Aber irgendwann rächt es sich, wenn man die Warnsignale nicht richtig versteht und bearbeitet.

Eines Abends, nach getaner Arbeit, ist mein Körper zu Hause vollkommen außer Kontrolle geraten. Ich weiß es noch wie heute. Es war ein Freitag und ich hätte dann Urlaub gehabt. Aber ich merkte, dass an diesem Tag irgendetwas noch seltsamer war als sonst eh schon.

Nach dem Duschen hatte ich auf einmal noch viel schlimmere innere Unruhe und Aufregung als sonst. So ein extremes Beklemmungsgefühl hatte ich vorher noch nicht verspürt. Es war ein sehr merkwürdiges, seltsames Gefühl und ich konnte nicht mehr essen, fernsehen, Musik hören oder mich großartig artikulieren. All das hat mich unglaublich aufgeregt und verstört. Es ist schwer zu beschreiben und für Außenstehende wahrscheinlich nicht nachvollziehbar.

Ich bekam heftiges Herzrasen- und pochen, zusätzlich Schluckprobleme und Zittern am ganzen Körper. Jetzt kamen auch noch Taubheitsgefühle an der linken Hand und der linken Gesichtshälfte dazu. Ich konnte und wollte nichts mehr sagen. Wie apathisch saß ich auf einem Stuhl und meine Panik wurde immer größer. Ich hatte zu diesem Zeitpunkt absolute Todesangst.

Gott sei Dank hat meine Lebenspartnerin nicht lange gezögert und den Krankenwagen verständigt.

Mit einem Blutdruck von 210/136 wurde ich ins Krankenhaus eingeliefert. Auf den Weg dorthin blieben wir auf halber Strecke stehen und es wurde der Notarzt angefordert. Ich kann mich nicht mehr genau an den Grund erinnern, aber zu diesem Zeitpunkt war es mir auch irgendwie egal. Ich wollte einfach nur, dass dieser für mich fast nicht mehr auszuhaltende Zustand endlich vorbei geht. Egal wie.

Mit Verdacht auf Schlaganfall wurde eine Mehrschichtaufnahme von meinem Kopf gemacht und anschließend kam ich auf die Intensivstation zur Überwachung. Zum Glück hat sich ein Schlaganfall nicht bestätigt und ich wurde nach 2 Tagen in ein Mehrbettzimmer verlegt.

Dies hat natürlich auch wieder meine massiven Ängste vor Viren und Bakterien verstärkt, da alle Mann die selbe Toilette usw. benutzen mussten. Für mich war der Aufenthalt ein Dauerzustand von Angst und Panik. Trotzdem war ich natürlich heilfroh, dass sich um mich gekümmert wurde.

Nach vielen, vielen weiteren Untersuchungen wurde ich entlassen und mir war endlich folgendes klar. Ich habe massive Probleme und schaffe es alleine nicht mehr.

Ich brauche Hilfe!

Diese kurze Sequenz, die ich ihnen in den ersten drei Kapiteln beschrieben habe, kann zwar nicht im entferntesten das ausdrücken, was ich zu jenem Zeitpunkt durchgemacht habe, aber es sollte ihnen doch ein wenig das Gefühl vermittelt haben, wie es mir damals ging und welchen Bezug ich zu diesem Thema habe.

Nur jemand, der diese Krankheit, und es ist nichts anderes als eine Krankheit, schon durchgemacht hat, kann verstehen, was sich da in einem abspielt und welche Gefühle und Gedanken in einem hochkommen.

Der weitere Verlauf mit wichtigen Anlaufstellen

Mir wurde also klar, dass ich dringend Hilfe benötige und nicht mehr so weiter machen konnte. Nach wie vor habe ich aber weder verstanden, was da gerade in und mit mir geschieht, noch konnte ich die Situation akzeptieren.

Nach der Krankenhausentlassung führte dann der erste Weg zu meiner Hausärztin.

Mitten in unserer Besprechung brach ich dann während meiner Schilderung der Vorfälle völlig unvermittelt in Tränen aus. Einfach so, ohne bestimmten Grund. Ich konnte auch nicht mehr aufhören, es war furchtbar. Meine Stimme zitterte, ich konnte nur noch schluchzen, war kraftlos und völlig am Boden zerstört.

Sie sagte mir dann, dass sie mich vorerst aus dem Arbeitsleben raus nimmt und ich dringend psychotherapeutische und psychiatrische Hilfe benötige.

Ich stimmte zu.

Mir war wirklich alles recht, denn ich wollte einfach nur, dass es mir wieder besser geht. Nach wie vor hatte ich unkontrolliertes Herzklopfen, Herzrasen, Herzpochen, Herzstolpern, Beklemmungsgefühle in der Brust, Schluckprobleme, innere Unruhe und natürlich meine Zwänge.

Zusätzlich habe ich Freude und Interesse an vielen Dingen verloren, welche mir sonst immer unglaublich viel Spaß bereitet hatten. Auch an alltäglichen Dingen, wie fernsehen, lesen, Musik hören oder ähnliches war zu diesem Zeitpunkt nicht zu denken, da ich, sobald ich es versuchte, eine unglaubliche Aufregung und Unruhe in mir verspürte.

Somit war für mich nun klar:

Ich will absolut alles, wirklich alles versuchen und unternehmen, damit ich die Chance bekomme, wieder ein zumindest halbwegs „normales" Leben führen zu können.

Also setzte ich mich gleich hin und versuchte verzweifelt, Termine bei Psychotherapeuten und Psychiatern auszumachen.

Jetzt kommen wir leider zum ersten großen Problem.

Einen Termin zu bekommen ist gelinde gesagt ein Wahnsinn. Wartezeiten von 3 Monaten bis zu 1 Jahr sind fast schon die Regel. Hier muss sich wirklich etwas ändern, das darf nicht sein.

Ich kann nur empfehlen, überall anzurufen und nicht aufzugeben. Denn wenn man ausdauernd ist, kann man mit Glück doch noch irgendwo einen früheren freien Therapieplatz bekommen.

Der Psychotherapeut

Die Suche begann. Ich zwang mich ins Internet und habe im Umkreis von 50 Kilometern sämtliche Psychotherapeuten herausgesucht. Zu meinem eigenen Erstaunen fand ich eine relativ große Anzahl vor.

Nun fing ich an zu telefonieren und wurde schon bald ernüchtert. Überall bekam ich die fast selben Antworten.

„Tut uns leid, wir nehmen momentan keine neuen Klienten mehr an."

„Versuchen Sie es frühestens in 6 Monaten wieder."

„Bis zum nächsten Jahr sind wir voll ausgelastet."

Solche und ähnliche Aussagen bekam ich mindestens 20 bis 30-mal. Meine Liste wurde immer kleiner und meine Fragezeichen immer größer.

Das kann doch gar nicht sein, dachte ich mir. Ich bin absolut gewillt und bereit, Hilfe in Anspruch zu nehmen und finde aber keinen freien Therapieplatz.

Bei einem der letzten Anrufe dann ein kleiner Hoffnungsschimmer. Hier wurde mir erzählt, dass sich jemand neu selbständig gemacht hat und da eventuell noch eine gewisse Chance besteht.

Also habe ich nicht lange gezögert und sofort dort angerufen. Nach einem angenehmen Telefongespräch haben wir dann einen Termin zum persönlichen Kennenlernen vereinbart.

Jetzt muss ich zugeben, dass ich mir oftmals viele Gedanken mache und grüble. So auch diesmal. Da ich für mich persönlich das bestmögliche Ergebnis erzielen wollte, fragte ich mich:

Wenn er erst seit kurzem selbständig ist, wie sieht es dann mit der Erfahrung und fachlichen Qualifikation aus?

Nun war ich aber heilfroh, überhaupt einen Termin bekommen zu haben, weshalb ich mich entschloss, unvoreingenommen in das Gespräch zu gehen. Fachlich sollte es natürlich passen, aber noch wichtiger war für mich die menschliche Komponente. Nur wenn man sich gut versteht und vertraut können Probleme in Angriff genommen und bearbeitet werden. Dies war zum Glück der Fall und auch die Kompetenz hat mich absolut überzeugt. Somit stand unserer intensiven Zusammenarbeit nach genehmigtem Antrag nichts mehr im Wege.

In den Sitzungen habe ich sehr viel über mich gelernt und oftmals eine andere Sichtweise von meinen Problemen, Ansichten und Verhaltensweisen bekommen. Die Gespräche empfand ich oft als hilfreich, produktiv und angenehm. Da der Faktor Humor aber nicht zu vernachlässigen ist, hat es, trotz ernstem Hintergrund, auch einige lustige Momente gegeben.

Hierzu eine kleine Anekdote:

Als wir wieder mal auf das Thema Viren und Bakterien kamen und ich meine Vermeidungsstrategie voller Überzeugung auf Richtigkeit darbot, gab mir mein Therapeut zu bedenken:

Wenn mein Immunsystem durch die Vermeidung nie etwas zu tun bekommt, kann es eventuell auch nicht mehr gut arbeiten, wenn es wirklich mal gebraucht wird. Er sagte mir, dass sich meine Abwehrkräfte wahrscheinlich „zu Tode langweilen", da es in meinem Körper nichts zu tun gibt. Sie sind aber dazu da, dass sie sich austoben können und Erreger bekämpfen. Somit ist ein normales Maß an Viren und Bakterien absolut in Ordnung und sogar gut. So hatte ich es noch gar nicht gesehen und nachdem er mir die Situation meiner Abwehrkräfte geschildert hatte, wie sie sich langweilen, haben wir herzhaft darüber gelacht.

Während der Therapie haben wir viele Punkte beleuchtet und ich habe immer mehr verstanden, dass nicht die Angst vor Krankheiten oder meine Zwänge die eigentlichen Probleme sind, sondern nur das Ventil meiner Krankheit. Die Ursachen, welche oftmals jahrzehntelang und somit sehr tief in einem vergraben sind, liegen meist ganz wo anders. Hierbei geht es eher um nicht verarbeitete Ereignisse und unterdrückte Gefühle/Emotionen, wie z.B. Schuld, Wut, Ärger, Hass, Trauer usw.

Ich kann also jedem mit Problemen nur empfehlen, sich auf ein solches Therapieangebot einzulassen und durchzuführen. Man darf natürlich keine Wunderdinge erwarten, aber mir haben diese Sitzungen sehr gut getan und vielfach geholfen.

Wenn allerdings psychische Störungen so extrem ausgeprägt sind und der Körper mit sehr heftigen Symptomen reagiert, sollte unbedingt zusätzlich ein Psychiater mit an Bord sein. Die Behandlung findet dann idealerweise Hand in Hand statt.

Die Psychiaterin

Mein Therapieplatz war also gesichert und nun war ich noch zeitgleich auf der Suche nach einem Psychiater. Dies war erstens auch wieder nicht einfach und zweitens verursachte es mulmige Gefühle. Ich verband damit irgendwie Wörter wie Irrenhaus, Gummizelle oder Verrücktheit. Da ich mich aber schon noch als „normal" einstufte war meine Aufregung sehr groß, obwohl ich noch gar keinen Arzt gefunden hatte.

Ich sprach mit meiner Hausärztin darüber und sie sagte mir, dass sie mit einer Psychiaterin öfters zusammenarbeitet und die Patienten dort sehr gute Erfahrungen gemacht haben. Wir einigten uns darauf, dass sie versucht, einen freien Platz für mich zu bekommen.

Dies war glücklicherweise der Fall und ich bin meiner Hausärztin auch heute noch dafür dankbar.

Ich vereinbarte einen Termin und war sehr gespannt, was sich da so abspielt. Im Wartezimmer schlug mein Herz immer schneller und ich wurde sehr unruhig. Nach einer gewissen Zeit war ich dann an der Reihe und betrat den Behandlungsraum.

Sämtliche Befürchtungen waren unbegründet. Ich traf auf eine Frau, die fachlich höchst kompetent und zugleich menschlich wundervoll war und natürlich auch heute noch immer ist. Wir sprachen sehr ausgiebig und intensiv über meine Lebensgeschichte und die psychischen Störungen. Ich fühlte mich von Beginn an absolut verstanden und gut aufgehoben. Sie erklärte mir die Zusammenhänge von Gehirn, Nervensystem und fehlenden Botenstoffen und sagte, dass ich mich auf eine längere

Ausfallzeit einstellen müsse. Es geht jetzt erst mal darum, zur Ruhe zu kommen, meine Körperreaktionen zu stabilisieren und auch mit Hilfe von Tabletten wieder langfristig mein Leben in den Griff zu bekommen.

So weit, so gut.

Aber da war es nun, das „böse" Wort Tabletten.

Ich hatte eigentlich gehofft, nur mit Hilfe von Psychotherapie meine Störungen bearbeiten zu können. Andererseits ging es mir dermaßen dreckig, dass ich es fast schon befürchtet und irgendwie auch vermutet habe.

Trotzdem konnte ich nicht verhehlen, dass ich absolut Angst hatte, die Tabletten würden mich verändern und ich verliere die Kontrolle über meinen Körper und meinen Verstand. Auch die teils massiven Nebenwirkungen, welche entstehen können, haben mich extrem belastet.

Nach langen Gesprächen und Erklärungen, was sich bei mir gerade abspielt, habe ich tatsächlich Medikamente, sehr behutsam einschleichend, genommen. Und wer mich kennt, weiß, dass ich ein absoluter Tablettenhasser war und ich mir niemals vorstellen konnte, welche zu nehmen. Aber ich musste mir eingestehen, ich schaffe es anders nicht mehr und es muss jetzt einfach sein. Ich habe meiner Psychiaterin vertraut und wurde nicht enttäuscht.

Sie hatte recht.

Ich muss aber auch gestehen, dass viel Überzeugungsarbeit von Nöten war. Nachdem mir Medikamente verschrieben wurden habe ich den Beipackzettel gelesen und stundenlang im Internet nach Nebenwirkungen und Erfahrungen gesucht.

Gratuliere! Wer suchet, der findet.

Ich habe oft die schlimmsten und schrecklichsten Berichte gelesen und war verunsicherter als jemals zuvor. Dies hat mir ganz und gar nicht gut getan und ich kann jedem nur empfehlen, das sein zu lassen.

Selbstverständlich schon auf die eigenen Nebenwirkungen achten, aber dies dann mit der Ärztin oder dem Arzt besprechen.

Meine Psychiaterin hat meine Sorgen und Ängste sehr ernst genommen und mir deshalb angeboten, dass ich jederzeit anrufen könnte, wenn die Medikamente heftige Nebenwirkungen oder Probleme verursachen. Das hat mich soweit beruhigt, dass ich das Thema Tabletten in Angriff nehmen konnte.

Glücklicherweise haben sich bei mir die Nebenwirkungen in Grenzen gehalten und ich merkte nach einigen Wochen, wie es mir ein bisschen besser ging und ich mich leicht stabilisierte. Trotz immer noch häufiger Körperreaktionen auf Grund von Ängsten und Zwängen fühlte ich mich wieder ein wenig lebendiger. Die Lebensgeister kamen ganz, ganz langsam zurück und ich setzte mir ein großes Ziel.

„Ich werde wieder gesund, gehe zur Arbeit und führe wieder ein halbwegs vernünftiges Leben. Dafür werde ich alles, wirklich alles was in meiner Macht steht tun, um den Teufelskreislauf zu durchbrechen und die schlimme Krankheit zu besiegen!"

Ich ging also zweimal in der Woche zur Psychotherapie und zusätzlich in engen Abständen immer wieder zu meiner Psychiaterin. Dort wurde dann auch meine Tablettendosis ab und an optimiert bzw. erhöht. Somit hatte ich die ideale Begleitung auf dem Weg zurück in die Normalität gefunden.

Wochen und Monate vergingen und meine Stimmung hellte sich immer mehr auf. Wenn ich alleine und in meiner gewohnten Umgebung war, fühlte ich mich schon wieder recht gut. Leider ging es mir unter Menschen, mit Gegenständen oder bei etlichen, eigentlich normalen Situationen unglaublich schlecht.

Ängste, Zwänge, Panikattacken und die dazugehörigen körperlichen Begleiterscheinungen bestimmten nach wie vor mein Leben, Gedanken und Handeln.

Somit mussten noch zusätzliche Maßnahmen ergriffen werden.

Meine Psychiaterin schlug mir einen stationären Klinikaufenthalt vor und wir besprachen den Sachverhalt. Ich war einverstanden und erhoffte mir, trotz verständlicher Bedenken, eine Besserung der Symptomatik.

Somit stellten wir beim Rentenversicherungsträger einen Antrag, welcher aus fachärztlicher Sicht nicht nachvollziehbar abgelehnt wurde. Da ich mich mit solchen Dingen nicht so gut auskenne, wurde mir empfohlen, über einen Sozialverband Widerspruch einzulegen. Dies tat ich auch und nun musste ich warten, ob ich einen positiven Bescheid bekomme.

Zeitgleich bemühte ich mich auf Anraten um eine stationäre Behandlung in einer Akut-Klinik. Dort stellte ich mich zu einem ersten Kennenlernen vor. Diese Fachklinik ist zwar schon ein wenig in die Jahre gekommen, aber für mein Krankheitsbild sehr gut geeignet. Nach einem angenehmen Gespräch wurde eine psychosomatische Behandlung als dringend erforderlich angesehen. Leider gab es dort eine lange Warteliste mit einigen Monaten Verzug. Trotzdem lies ich mich auf die Liste setzen, da ich alle Möglichkeiten zur Gesundung ausschöpfen wollte.

Ich war aber reichlich verwundert, dass es für einen Menschen, der absolut willig und bereit ist, seine psychischen Störungen zu bekämpfen, so schwierig ist, zeitnah einen geeigneten Platz in einer Reha- oder Akut-Klinik zu bekommen.

Die Reha-Klinik

Nach einigen Wochen bekam ich Post von meinem Rentenversicherungsträger. Dem Widerspruch wurde stattgegeben und ich durfte eine 5-wöchige Reha-Maßnahme in meiner ausgewählten Einrichtung durchführen.

Bevor ich allerdings die dort gemachten Erfahrungen schildere, möchte ich noch kurz auf mein persönliches Auswahlverfahren für diese Klinik eingehen.

Zuerst habe ich übers Internet nach geeigneten Kliniken für mein Krankheitsbild gesucht. Danach schaute ich, welche mit meinem Rentenversicherungsträger zusammen arbeiten und siebte alle anderen aus. Nun ging ich auf die Homepage der verschiedenen Einrichtungen und sah mir deren Behandlungsschwerpunkte und angebotenen Therapien noch genauer an. Jetzt blieb nur noch eine Hand voll über und nachdem ich auch noch sämtliche Erfahrungsberichte gelesen hatte, waren es noch drei. Zuletzt griff ich zum Telefon und informierte mich noch genauer. Bei zwei Einrichtungen hatte ich kein gutes Gefühl und somit war meine Entscheidung gefallen.

Vor meiner Anreise musste ich allerdings noch sehr viel ausfüllen. Von meiner Lebensgeschichte über Anträge bis zu etlichen Formularen. Immenser Papieraufwand vor, während und auch nach dem Aufenthalt. Aber das darf einen nicht abschrecken, da muss man einfach durch. Bitte deswegen nicht aufgeben.

Aus meiner Erfahrung kann ich nur sagen:

So ein Klinikaufenthalt kann sich absolut lohnen und ich bin im Nachhinein froh und dankbar, einen Platz bekommen zu haben.

Vorher aber, je näher der Termin rückte, wurde ich immer aufgeregter und nervöser. Panik und quälende Unsicherheit machten sich breit. Mein Herz stolperte gefühlt nur noch vor sich hin. Zittern, Schluckprobleme, Pulsrasen und viele andere Symptome ereilten mich und gingen nicht mehr weg. An Schlaf war sowieso nicht zu denken. Es war der absolute Wahnsinn.

Zum Glück war es nun endlich so weit. Das Warten hatte ein Ende. Der Tag der Anreise war gekommen.

In der Rezeption wurde ich sehr freundlich begrüßt. Mir wurde etliches erklärt, gezeigt und an Schriftstücken übergeben. Danach bekam ich einen Plan ausgehändigt, wo, wann und bei wem ich mich melden soll. Zuvor war noch kurz Zeit, mein Zimmer zu besichtigen und meine Koffer abzustellen.

Dann wurde es gleich ernst.

Auf zum Antrittsbesuch bei meiner Stationsärztin, danach zum Therapeuten und dann zur Co-Therapeutin. Alle absolut top und ganz anders als erwartet. Zum Schluss wurde mir erklärt, dass es täglich persönliche Behandlungspläne gibt und diese selber an der Rezeption abzuholen sind. Hier standen immer alle wichtigen Termine drin.

Nun war Zeit, mich ein wenig umzuschauen und zu orientieren. Alles war unglaublich groß und ich konnte mir nicht vorstellen, mich hier recht schnell zurecht zu finden. Nach meinem Rundgang innen wie außen war ich schwer beeindruckt. Das Ambiente war außergewöhnlich schön. Dies hatte in meinen Augen ein höheres Sterneniveau. Da auch mein Einzelzimmer (Reha-Aufenthalt beinhaltet immer ein Einzelzimmer) sehr angenehm war, stand zumindest von dieser Seite her einem Wohlfühlfaktor und damit einer konstruktiven Zusammenarbeit nichts mehr im Wege.

Zum Essen, welches absolut top war, wurde man einer Tischgruppe mit ca. 8 Personen zugeteilt. Da man sich dann mindestens 3x am Tag traf und recht lange sitzen blieb, lernte man schon nach kurzer Zeit seine Tischnachbarn und die dazugehörigen Probleme und Störungen recht gut kennen. Somit musste und konnte ich mich auch nicht verstellen und erläuterte gleich am Anfang die Gründe meines Aufenthaltes und die dazugehörigen Verhaltensweisen. Dadurch brauchte ich mich nicht pausenlos dafür rechtfertigen, warum ich permanent Gegenstände und meine Hände wasche, desinfiziere oder ich mich in verschiedensten Situationen „seltsam" verhalte.

Da ich mir diese Kraft des Verstellens sparen konnte, war für die Behandlung und Bearbeitung meiner psychischen Störungen etwas mehr Energie vorhanden.

Die durchgeführten Therapien fasse ich in 4 Bereiche zusammen:

→ Ärzte / Therapeuten / Untersuchungen

Generell waren immer alle sehr nett, freundlich und kompetent. Es gab mit verschiedenen Ärzten etliche Gespräche und grundsätzlich viele Einzel- und Gruppensitzungen mit Therapeuten. Diese waren mal psychoanalytisch orientiert und manchmal wurden sie als Verhaltenstherapie durchgeführt. Zusätzlich gab es eine testpsychologische Eingangs-, Verlaufs-, und Abschlussuntersuchung. Ruhe-EKG, Visite und allgemeinbefindliche Untersuchungen waren ebenfalls Bestandteil des Aufenthalts.

➜ Gruppentherapien / Mentales / Techniken

Die nun aufgeführten Leistungen erhielt ich mehrmals:

- Stressbewältigung
- Angstbewältigung
- Soziale Kompetenz
- Achtsamkeit
- Atemgymnastik
- Progressive Muskelrelaxation nach Jacobson

➜ Sport / Fitness / Übungen

Auch diese Methoden waren oft sogar täglich im Einsatz:

- Ergotraining
- Wirbelsäulengymnastik
- Feldenkrais
- Balancetraining mit Gummiband
- Koordinatives Training
- Bogenschießen
- Wandern

➜ Freizeit

Am Wochenende und unter der Woche nach der letzten Anwendung hatte man freie Zeit zur Verfügung. Nun hatte ich zwei Optionen. Entweder verkrieche ich mich in mein Zimmer oder gehe so gut wie es mir möglich war die Symptomatik offensiv an. Ich habe mich für das letztere entschieden und war viel mit anderen zusammen. Zusätzlich benutzte ich oft freiwillig den Fitnessraum oder ging spazieren. Die Geräte im Gym musste ich allerdings immer vor und auch nach der Benutzung desinfizieren, sonst hätte ich keinerlei Übungen machen können.

Zusammenfassung:

Obwohl ich erst dachte, 5 Wochen sind eine lange Zeit, verging der Aufenthalt dann doch überraschend schnell. Ich lernte viel über mich und konnte mir auch Gedanken über die Zukunft machen.

Die Ärzte und Therapeuten waren sehr stolz, wie ich diese Reha-Maßnahme durchgezogen und aktiv mitgestaltet habe. Sie sagten mir, ich soll Ja zu mir und meiner Krankheit sagen und das Positive raus ziehen, wie z.B. Ordnung, Sauberkeit oder Strukturiertheit. Es geht um Akzeptanz, positive Gedanken, Freude und Liebe.

Dies ist absolut richtig und mir grundsätzlich auch klar geworden. Nichts desto trotz können psychische Störungen, welche schon über viele Jahre und Jahrzehnte in einem schlummern und/oder die falschen Verhaltensweisen permanent ausgeführt wurden, nicht über einen kurzen Zeitraum ausgeräumt werden.

Für mich war der Klinikaufenthalt absolut wichtig und richtig, aber auch physisch wie psychisch höchst anstrengend. Da immer irgendwo gehustet oder geniest wurde und ich auch oft die Gegenstände von einigen Hundert Menschen anfassen sollte und musste, hatte ich in gewisser Weise eine Art von Dauerangst. Nun könnte man meinen, diese quasi permanente Konfrontationstherapie half mir bei der Überwindung meiner Ängste und Zwänge. Dies war aber leider nicht großartig der

Fall. Trotzdem wurde es ein wenig besser und mir hat der Aufenthalt zumindest für meine Stabilisierung viel gebracht.

Damit ich aber die Chance für ein halbwegs „normales" Leben und zur Wiederherstellung meiner Arbeitskraft erhalte, haben die Klinikärzte eine nahtlose Fortführung der ambulanten Psychotherapie sowie ausdrücklich die schnellstmögliche Durchführung einer akut-stationären Maßnahme empfohlen.

Somit wurde ich arbeitsunfähig entlassen und machte im Rahmen meiner Möglichkeiten hochmotiviert weiter.

Die Akut-Klinik

Obwohl ich einen schon krankhaften Hang zur Perfektion hatte und dies mir oftmals nicht gut tat, war es in diesem Fall von Vorteil. Durch meine disziplinierte, gewissenhafte und vorausschauende Art war ich in der Planung, Genehmigung und Ausführung der Akut-Maßnahme schon so weit, dass ich fast nahtlos nach meiner Reha den Aufenthalt antreten konnte.

Dazu muss man wissen:

Nach meinem Vorgespräch wurde ich ja auf eine Warteliste gesetzt. Damit ich da nicht raus flog, sollte oder besser gesagt musste ich 1x pro Monat einen Brief schreiben. Darin ging es um die Gründe, weshalb ich einen Aufenthalt benötige. Beleuchtet wurden meine Lebenssituation, Auslöser, Erfahrungen, Stärken, Fähigkeiten und was mir gut tut, bzw. wie ich Ablenkung und Entspannung suche. Ich habe 5 Briefe geschrieben und daran erkennen sie, wie viele Monate ich warten musste.

Da ich mich aber frühzeitig darum bemüht habe, konnte ich schon 3 -4 Wochen nach der Reha die stationäre psychosomatische Akut-Behandlung antreten, welche 6 Wochen dauerte.

Bevor ich anreiste, musste ich zusätzlich zu den Briefen auch noch etliche Fragebögen und Anträge ausfüllen.

Dann war es aber so weit und es wurde ernst.

Bei der Aufnahme wurde ich nach einiger Wartezeit freundlich begrüßt. Dann ging es auf die Station und ich bezog mein Zimmer. Hierzu möchte ich sagen, dass ich, ausnahmsweise und meiner Krankheit geschuldet, ein kleines Einzelzimmer bekam und nicht in ein Mehrbettzimmer musste. Dies sollte für mich zumindest für 6 – 8 Stunden am Tag ein kleiner Rückzugsort für meine extreme Dauerangst sein. Ansonsten war dieser Aufenthalt für mich sowieso eine permanente Konfrontationstherapie. Bei so vielen Menschen wird immer gehustet, geschnäuzt oder geniest. Natürlich berührte auch jeder sämtliche Gegenstände, Türklinken, Schalter, Bestecke, Tassen und vieles mehr. Für einen Menschen, der Angst vor Krankheiten, vor Viren und Bakterien hat, ist dies wahrlich keine leichte Situation.

Aber zurück zum Aufenthalt.

Nach meinem Aufnahmegespräch bekam ich, auch wie in der Reha, einen Plan mit allen wichtigen Terminen und Fakten. Dieser ging allerdings über eine Woche und nicht nur täglich. Beim Essen, das gut war, konnte man sich diesmal hinsetzen, wo man wollte. Abends musste man sich dann immer noch separat bei der Station abmelden.

Auch hier möchte ich die durchgeführten Leistungen wieder in 4 Bereiche zusammenfassen:

➔ Ärzte / Therapeuten / Untersuchungen

Grundsätzlich waren alle sehr freundlich und hilfsbereit. Es gab viele Einzelsitzungen und Gesprächsgruppen. Diese fanden in einer geschlossenen Kerngruppe statt, was bedeutete, dass für den Zeitpunkt des Aufenthaltes immer die selben Menschen intensiv an ihren Problemen und Störungen arbeiten konnten. Zusätzlich gab es körperliche Untersuchungen, EKG, Labor, Wiegen, Visite und etliche Fragebögen auszufüllen am PC bei An- und Abreise.

Ein überraschendes Ereignis war für mich eine Oberarztvisite. Es ging hierbei gar nicht um Punkte wie Ziele, Medikamente oder ähnliches, sondern er wollte mich provozieren und aus der Reserve locken. Dazu muss ich erläutern, dass festgestellt wurde, dass ich meine Arme immer sehr stark verschränkte und ich eigentlich keine Gefühle, wie Ärger, Hass, Wut, Trauer etc. fühlte und empfand. Ich bewegte mich dauerhaft auf einer gewissen Nulllinie, die nicht großartig ausschlug. Die einzigen Emotionen waren Angst und Panik. Somit wollte er mich reizen, was aber nicht geklappt hat. Außer einer gewissen Irritation meinerseits hatte ich keine große Regung. Jeden Freitag gab es dann eine Stationsversammlung, wo neue Patienten begrüßt und abreisende verabschiedet wurden.

→ Gruppentherapien / Mentales / Techniken

Im Verlauf der Verhaltens- und Tiefenpsychologischen Therapie erhielt ich mehrmals folgende Behandlungen:

- Kerngruppe
- Körpertherapie
- Gestaltung
- Imagination
- Alexandertherapie
- Atemtherapie
- Klangtherapie
- Familienaufstellung
- Wasser-Shiatsu

→ Sport / Fitness / Übungen

Folgende Einheiten waren fast täglich zu absolvieren:

- Ergometertraining
- Nordic Walking

→ Freizeit

Hier gab es einen massiven Unterschied zum Reha-Aufenthalt. Dort durfte man am Wochenende nicht heimfahren und hier wurde ich angewiesen, mindestens zweimal das Wochenende daheim zu verbringen. Dies war natürlich so gewollt und für mich die schlimmere Variante, da ich mich immer wieder neu einleben und mich meinen Ängsten und Zwängen so stellen sollte. In der restlichen Zeit, wenn wir in der Klinik blieben oder auch abends haben wir gemeinsam viel unternommen. Wir waren wie eine verschworene Gemeinschaft und haben trotz unserer verschiedenen schlimmen Störungen und Problemen auch unseren Spaß gehabt.

Zusammenfassung:

Die 6 Wochen sind verhältnismäßig schnell vergangen. Anfänglich habe ich mich hier noch sehr unwohl gefühlt. Es war ein absoluter Kulturschock. Das Ambiente des Reha-Aufenthaltes hatte Sterneniveau und hier hatte die Klinik den Charme eines alten Krankenhauses. Die Kompetenz war absolut top, aber die Einrichtung hat mich permanent an Krankheiten, Viren und Bakterien erinnert. Somit waren auch hier für mich oftmals Dauerangst und eine permanente Konfrontationstherapie gegeben.

Gott sei Dank habe ich unglaublich liebe, nette und warmherzige Menschen getroffen, die mir schon sehr bald richtig ans Herz gewachsen sind.

Grundsätzlich gilt für beide Aufenthalte folgendes:

In den Kliniken habe ich die unterschiedlichsten Menschen getroffen. Schüler, Arbeiter, Angestellte, Manager, Selbständige, Rentner, männlich und weiblich, von 17 – 70 Jahren.

Sie merken, es kann wirklich jeden treffen!

Wir hatten eines gemeinsam. Wir waren „in der Welt da draußen" wunderbare Schauspieler und haben unsere Krankheit gekonnt vertuscht. Bei fast keinem konnte man erkennen, warum der oder diejenige eigentlich da ist. Erst mit der Zeit war das ganze Ausmaß der Krankheit sichtbar und man konnte sich dann, nachdem man sich vertraut hat, voll und ganz auf die Behandlung einlassen.

Natürlich war es nicht einfach, physisch wie psychisch. Aber wenn man gut mitarbeitet, kann es sich absolut lohnen. Es gibt natürlich keine Garantie dafür, dass es einem nach einem Klinikaufenthalt dann besser geht, aber die Chancen sind zumindest höher als ohne.

Zwischenbilanz und bisherige Erkenntnisse

Mittlerweile lag schon ein langen Weg hinter mir. Die Klinik-Aufenthalte hatte ich mehr oder weniger erfolgreich bewältigt und bei meinem Psychotherapeuten und meiner Psychiaterin war ich nach wie vor in Behandlung.

Natürlich fragte ich mich, wie so viele andere auch, warum es eigentlich so weit gekommen ist und ob ich etwas falsch gemacht habe?

Wieso passierte das ausgerechnet mir?

Wie konnte das alles geschehen?

Um ehrlich zu sein, ganz genau wird man das oftmals nie wissen. Es können viele mögliche Ursachen Schuld daran sein, wie z.B.:

- Persönliche private Gründe (z.B. Traumata, Kindheitserlebnisse, Unfall, Krankheit, Tod eines Familienmitgliedes oder Freundes, privater Stress)
- Stress in der Firma (z.B. Arbeitsbelastung, Überforderung, Überstunden, permanent Telefon / Fax / E-Mail, Schulungen, Messen, Arbeitsweg Hin- und Rückfahrt)
- Genetische Veranlagung
- Fehlgesteuerte chemische Abläufe im Gehirn
- Unterdrückte Gefühle und Emotionen über einen sehr langen Zeitraum

Hier könnten noch viele andere Gründe mehr stehen.

Wenn dann zu viel zusammen kommt und über Jahre und Jahrzehnte verdrängt und nicht bearbeitet wird, kann es zu schweren Gesundheitsschäden und psychischen Störungen kommen.

Das Thema Stress gehört hier eben auch dazu und ist deswegen sehr wichtig und mir ein persönliches Anliegen, weshalb ich noch etwas später im Buch ausführlicher dazu komme.

Im Laufe der Zeit ist mir immer mehr klar geworden, dass ich zusätzlich einen zu hohen Erfolgs-, Erwartungs- und Perfektionismusdruck an mich selber hatte. Es musste immer alles absolut perfekt, genau, ordentlich und fehlerfrei sein. Auch Schnelligkeit, Sicherheit und Harmonie waren mir sehr wichtig. Dies alles war natürlich in Kombination mit vielen anderen Ursachen nicht sehr förderlich.

Wenn man dann auch noch über einen extrem langen Zeitraum ein falsches Angst- und Verhaltensmuster erlernt und es schon tief verwurzelt in einem sitzt, ist die Behandlung natürlich um so schwieriger. Im Laufe der Jahre verankerten sich meine Ängste und Zwänge gnadenlos im Gehirn. Ich hatte gar keine Chance oder Möglichkeit mehr, dies zu verhindern. Ab einem gewissen Punkt schaltete mein Kopf automatisch auf den Überlebensmodus um und somit stand ich permanent unter Strom.

Ich wollte auch während meiner Krankheit oftmals zu schnell zu viel. Ich habe aber lernen müssen, dass die Genesung nur in ganz kleinen Schritten voran geht. Ich sollte mir immer vor Augen halten, welche Fortschritte ich schon erzielt hatte. Ich sollte selber stolz auf mich sein.

Dies war ich auch und doch gab es noch einen Punkt, der von elementarer Bedeutung war und mir große Schwierigkeiten bereitete es anzunehmen.

Ich meine damit: Die Akzeptanz der Situation!

Ich habe in meiner akuten Krankheitsphase extrem viele Ängste ausgelebt und die Krankheit mit Hass abgelehnt. Dadurch habe ich immer sehr viele negative Schwingungen ausgesendet und natürlich auch dementsprechend negative Energie zurück bekommen. Dies hätte mich fast zermürbt.

Ich habe sehr lange gebraucht, um durch die Akzeptanz der Krankheit die Situation anzunehmen und grundsätzlich wieder mehr Begeisterung fürs Leben zu haben und positive Gedanken, sprich positive Schwingungen auszusenden.

Denn es ist tatsächlich so. Wenn man sich angewöhnt, positive Schwingungen auszusenden, bekommt man auch öfters positives zurück.

Klappt natürlich nicht immer, aber mir hat es ein wenig geholfen.

Hierzu ein kleines Beispiel:

In einem Supermarkt standen sehr viele Leute an einer Kasse an. Alle schauten schon mürrisch und schlecht gelaunt. Ich schlenderte nun langsam an das Ende der Schlange und dachte mir, dass jetzt vermutlich gleich eine weitere Kasse aufmacht. In diesem Moment kam auch schon die Durchsage und eine gestresste Mitarbeiterin kam heran. Ich bog nun als erster ab und sagte mit einem Lächeln „Hallo". Nun hellte sich urplötzlich die Miene der Kassiererin auf und nach dem Zahlen wünschten wir uns noch einen schönen Tag. Somit wurden die negativen und stressigen Gedanken kurz durchbrochen und positive Schwingungen ausgesendet. Dies zu machen tut keinem weh, aber erfreut meist jeden.

Apropos Lachen:

Die gesundheitsfördernde Wirkung von Lachen ist erwiesen. Es spielt auch keine Rolle, ob Ihnen dazu zumute ist oder ob sie sich dazu zwingen müssen. Dies ist für die Wirkung vollkommen egal. Also, lachen Sie, einfach so. Es wird Ihnen gut tun.

Dies hat auch überhaupt nichts mit Esoterik oder der gleichen zu tun, sondern es hat mir einfach wirklich Kraft gegeben, meine Probleme in Angriff zu nehmen und endlich bearbeiten zu können.

Mir wurde bewusst, dass ich die Krankheit vermutlich mein Leben lang in mir haben werde und sie auch nie mehr wieder ganz weggehen wird. Deshalb akzeptiere ich die Situation so wie sie ist und werde das Beste daraus machen. Ich sage ja zu mir und meiner Krankheit und versuche, das Positive raus zu ziehen (z.B. Ordnung, Strukturiertheit, Sauberkeit etc.).

Ich werde mir, zusätzlich zu den Therapien, verschiedene Hilfsmittel aneignen, um meine Krankheit noch besser zu verstehen und die Ängste und Zwänge in abgemilderter Form bewältigen zu können.

Auch verstand ich nun, dass es keine 100% Sicherheit gibt und ich nun wieder versuchen soll, gelassenen zu werden und dann auch zu bleiben.

Natürlich machte ich mir auch massive Gedanken über meinen Arbeitsplatz und wie es nun weitergehen soll. Zu diesem Zeitpunkt war ich schon über 25 Jahre in verschiedenen Positionen im gleichen Unternehmen tätig. Seit etlichen Jahren war ich nun im Vertrieb mit guten Aufstiegschancen.

Ich fragte mich selber:

Bin ich den Anforderungen und Belastungen noch gewachsen?

Bin ich für die Firma noch tragbar?

Gibt es vielleicht die Möglichkeit, eine andere Arbeitslösung zu finden?

Auf jeden Fall wusste ich, dass ich unbedingt wieder arbeiten wollte und wenn irgendwie möglich, in meiner bisherigen Firma.

Dazu komme ich aber zu einem späteren Zeitpunkt.

Wissensdurst stillen und was mir persönlich gut getan hat

Damit die Chance auf eine dauerhafte und erfolgreiche Wiedereingliederung für mich möglich war, habe ich zusätzlich sehr hart an mir gearbeitet. Ich wollte noch erheblich stabiler werden und psychische Störungen besser verstehen.

Mir hat es sogar Spaß gemacht, sehr viel über die Themen Stress, Anspannung und Entspannung zu erfahren und verschiedene Bewältigungsmöglichkeiten und Techniken zu erlernen.

Aus diesem Grund habe ich einige qualifizierte Aus- und Fortbildungen absolviert und verfüge somit nicht nur über durchlebte Erfahrungen, sondern auch über theoretisches und praktisches Wissen.

Folgende Qualifikationen habe ich über einen längeren Zeitraum verteilt nacheinander erworben:

- Entspannungspädagoge
- Stressmanagementtrainer
- Mental Coach
- Kursleiter für Progressive Muskelrelaxation nach Jacobson

Somit konnte ich die Auswirkungen, Körperreaktionen und Abläufe im Körper besser verstehen und habe dann, ganz gezielt, meine eigenen persönlichen Bewätigungsstrategien für das weitere Leben erarbeiten können.

Jetzt komme ich zu dem Teil, der natürlich nicht unerheblich ist und den ich in Kombination zur Therapie und nach Absprache mit den Ärzten oftmals durchgeführt habe.

Nämlich was mir u.a. zusätzlich geholfen hat und ich auch heute noch immer wieder anwende.

Ein sehr wichtiger Punkt ist sportliche Betätigung. Leichte Bewegung im Ausdauerbereich ist das A und O. Mir ist schon klar: Es fehlt in dieser Phase der Antrieb, die Lust und Motivation, aber auch hier muss man sich einfach ein wenig zwingen.

Es reicht zu Beginn ja schon ein kleiner Spaziergang, den man mit der Zeit immer länger ausweitet. Dann geht man vielleicht ein wenig schneller. Irgendwann kann man z.B. Nordic Walking probieren, Fahrrad fahren, laufen oder was einem sonst noch gefallen könnte.

Wichtig ist, nicht zu übertreiben, sondern lieber nur leicht im Ausdauerbereich zu bleiben.

Dies sollte natürlich vorwiegend im Freien an der frischen Luft geschehen. Tanken Sie Energie und saugen vor allem auch die Sonnenstrahlen auf. Durch Sonnenlicht erhöht sich der Spiegel des „Glückshormons" Serotonin, welches antriebssteigernd ist und positiv auf unsere Stimmung wirkt.

Ich habe mir auch einen ganz persönlichen „Methodenkoffer" mit verschiedenen Methoden und Techniken zusammengestellt, damit ich abwechselnd, aber regelmäßig, unterschiedliche Übungen ausführen kann.

Diese sind:
- Progressive Muskelrelaxation nach Jacobson
- Phantasiereisen, Körperreisen

- Körper- und Rückenübungen
- Elemente aus Tai Chi Qi Gong, Yoga
- Achtsamkeitsübungen
- Freude empfinden (z.B. Ich freue mich auf ...)
- Atemtechniken
- Biofeedback (hierzu gibt es ein separates Kapitel)
- Gedankenstopp-Technik
- Entkatastrophisieren
- Positive Selbstinstruktion

Die letzten drei kommen aus dem kognitiven Stressmanagement, sprich, es geht hierbei um die Einstellungsänderung.

Zu den vorher genannten will ich kurz ein paar Sätze aus meiner Sicht anmerken.

- Progressive Muskelrelaxation nach Jacobson (PMR)

   Von Anfang an war für mich dieses Entspannungsverfahren eines meiner absoluten Favoriten.

   Es ist von allen Menschen leicht und in kurzer Zeit erlernbar und absolut alltagstauglich. Selbstverständlich muss bei einer Krankheit dies vorher, wie bei allen anderen Methoden und Techniken auch, vom Arzt abgeklärt werden.

   Ziel ist das Erlernen einer alltagstauglichen Entspannungstechnik, welche die körperlichen, sprich muskulären Spannungszustände abbaut und eine beruhigende Wirkung auf Geist und Seele hat.

Es werden nacheinander verschiedene Muskelgruppen zunächst aktiv angespannt und dann bewusst entspannt. Durch dieses aktive und bewusste Wahrnehmen von Anspannung und Entspannung kann man tiefe und wohltuende Entspannungszustände erreichen.

Wichtig ist dabei, dass man regelmäßig übt.

Der Ablauf der PMR lässt sich in 4 Phasen untergliedern:

> ➢ Einspüren in die Muskelgruppe vor der Anspannung (Achtsamkeit)
> ➢ Anspannen und halten der Anspannung in der jeweiligen Muskelgruppe (weiteratmen)
>
>   5 – 10 Sekunden
>
> ➢ Mit dem Ausatmen Spannung lösen und entspannen der Muskelgruppe
> ➢ Nachspüren aller Empfindungen in der jeweiligen Muskelgruppe
>
>   20 – 30 Sekunden

Das Verhältnis von Anspannung und Entspannung sollte ca. 1 : 3 sein!

Ich würde bei Interesse empfehlen, dieses Verfahren zuerst bei einem Kursleiter für PMR richtig zu erlernen und einzuüben. Danach kann jeder ganz alleine dies durchführen, egal wo er oder sie ist.

- Phantasiereisen, Körperreisen

  Was sind Phantasiereisen?

Phantasiereisen sind „Reisen nach innen".

Phantasiereisen vermitteln Entspannung, positive Gedanken und Gefühle.

Die Phantasiereise ist ein systematisches Entspannungsverfahren, welches in Ruheposition (sitzend oder liegend) ausgeführt wird.

Was ist sonst noch wichtig?

Ein Austausch nach der Phantasiereise über die Erlebnisse, wenn sie in einer Gruppe durchgeführt wurde, ist wichtig. Wenn sie zu Hause für sich alleine eine anhören, dann spüren sie einfach kurz nach und fühlen sie, wie es ihnen geht.

Wichtig ist die Annahme aller Erlebnisse ohne Wertung!

- Achtsamkeitsübungen

  Achtsamkeitsübungen können den körperlichen und seelischen Stress mindern. Erste Erfolge stellen sich oft nach 5 – 8 Wochen ein. Am Besten beginnt man mit ganz einfachen Übungen, wie z.B. der Konzentration auf den Atem (neutrales Meditationsobjekt).

  Erst 3 – 5 Minuten, dann 10 – 15 Minuten am Tag.

  Durch das beständige Einüben der Konzentration auf den gegenwärtigen Moment entsteht mit der Zeit eine stabile innere Ruhe.

  Während der Achtsamkeit brauchen sie nichts zu verändern, nichts erklären und nichts bewerten.

  Es geht um bewusstes Wahrnehmen, ohne Bewertung.

Es geht darum, zwischen sich und seine Gedanken und Gefühle etwas zu setzen, was Entlastung bringt.

Es geht nicht darum, stumpf dazusitzen, sondern zu erfahren, was jetzt in diesem Augenblick geschieht. Sich seiner selbst bewusst zu werden.

Auch hier kann ich nur empfehlen, dies am Anfang gemeinsam mit einer geeigneten Person durchzuführen und danach das Ganze dann täglich alleine weiter zu üben.

Ich versuche auch immer, mir vor Augen zu führen, was ich schon alles erreicht und welche Fortschritte erzielt habe.

Oft werde ich auch gefragt, wie es bei mir mit dem Schlaf aussieht. Viele Betroffene haben nämlich Schlafprobleme und ich bin da sicher keine Ausnahme. Alleine schon das Einschlafen an sich ist dann oftmals eine Tortur. Wilde Gedanken kreisen und etliche Körpersymptome lassen mich immer wieder aufschrecken.

Ich muss gestehen, dass es auch hier kein Allheilmittel gibt und jeder für sich verschiedene Methoden ausprobieren sollte.

Ich schreibe Ihnen nun, was mir persönlich geholfen hat und ich auch immer noch fast täglich mache.

Für mich ist es abends sehr wichtig, gewisse Rituale einzuhalten, damit ich dem Körper signalisiere, dass nun der Zeitpunkt des Schlafengehens eingeläutet wird. Das beinhaltet ca. 30 – 60 Minuten vorher kein Fernsehen, Computer, Smartphone, Radio oder sonstige Ablenkung mehr. Dann nehme ich ein Buch zur Hand (leichte Lektüre, kein Krimi oder aufwühlendes), trinke eine Tasse Tee mit Honig und lese eine gute halbe Stunde. Dann geht's ins Bad, Zähne putzen, waschen und ab ins Schlafzimmer.

In diesem gut gelüfteten und dunklen Raum angekommen gehe ich nun ins Bett. Jetzt konzentriere ich mich auf meine Atmung und versuche, alle anderen Gedanken auszublenden. Gleichmäßig und langsam atme ich ca. 2 – 3 Sekunden ein und etwa 3 - 4 Sekunden aus. Ich bleibe ganz bei mir und meiner Atmung. Sollten störende Gedanken auftauchen und mich ablenken, nehme ich dies kurz wahr und lasse sie dann weiterziehen, so wie Wolken am Himmel. Dann kehre ich mit meiner Konzentration wieder zur Atmung zurück.

Nun mache ich folgendes:

Während ich einatme, sage ich mir innerlich *einatmen* und ergänze dies gedanklich mit *1*. Beim Ausatmen benenne ich es mit *ausatmen* und dem Zusatz *2*. Dann *einatmen 3, ausatmen 4* usw. Dies mache ich bis 10 und danach fange ich wieder von vorne an.

Also drei Durchgänge von jeweils 1 – 10.

Sollte dies nicht funktionieren, dann lege ich mir eine CD mit folgendem Ablauf ein:

Zuerst Progressive Muskelrelaxation nach Jacobson, damit ich bewusst Muskelpartien an- und wieder entspanne. Danach eine Phantasiereise und zum Ausklingen gibt es Meeresrauschen.

So viel zum Thema Schlaf.

Da dies jetzt nur ein Bruchteil dessen ist, was grundsätzlich möglich ist, merken Sie, dass es durchaus einige Hilfsmittel gibt, die man außerhalb der Heilkunde, zusätzlich zu einer Therapie, nach Absprache mit einem Arzt oder eben präventiv anwenden kann.

Jeder sollte sich aus den verschiedensten Entspannungsmethoden und Stressbewältigungstechniken einen „Methodenkoffer" aneignen, um bei auftretenden Problemen und Situationen oder eben auch präventiv ein Hilfsmittel an der Hand zu haben.

Darum ist es wichtig, viele unterschiedliche kennenzulernen, die für sich selbst am Besten passenden raus zu suchen und dann durch viel üben zu erlernen.

Aber nicht vergessen, jeder Mensch ist, Gott sei Dank, anders und dies ist nur mein Weg gewesen. Jeder muss für sich selbst raus finden, was gut für ihn ist.

Die verschiedenen Methoden und Techniken sind alle erlernbar.

Wichtig ist dabei nur:

Der eigene Wille und regelmäßiges Üben. Und wenn ich ganz ehrlich bin, es ist ein lebenslanges, regelmäßiges Üben. Doch der Lohn dafür kann unbeschreiblich sein.

Bevor ich aber den weiteren Verlauf meiner Geschichte erzähle, komme ich nun zu dem versprochenen Thema Stress.

Informationen kompakt zum Thema Stress, Stressbewältigung und Zeitmanagement

Das Auftreten von Stress ist in unserer Gesellschaft keine Seltenheit mehr. Mehr als 60% der Deutschen klagen bereits massiv darüber, Tendenz steigend.

Laut Statistik zu den volkswirtschaftlichen Kosten durch Arbeitsunfähigkeit 2014 von der Bundesanstalt für Arbeitsschutz und Arbeitsmedizin sind psychische Störungen für mehr als 79 Millionen Krankheitstage alleine in Deutschland verantwortlich.

Die WHO (Weltgesundheitsorganisation) hat Stress zu einer der größten Gesundheitsrisiken des 21. Jahrhunderts erklärt.

Aber was ist Stress?

Es gibt keine offizielle Definition dafür. Der Begriff Stress kommt aus dem Englischen und bedeutet soviel wie Anspannung, Druck, Belastung und/oder Beanspruchung.

Grundsätzlich gefällt mir folgende Erklärung:

Stress ist eine Alarmreaktion (Notfallreaktion) des Körpers auf eine vermeintlich drohende oder tatsächliche Gefahr oder eine vermeintlich belastende Situation.

Die Auslöser dafür werden Stressoren genannt (= Reize, Ereignisse mit erheblichem Gewicht).

Ganz entscheidend ist aber:

Ob ein Stressor eine Stressreaktion auslöst und wenn ja, wie heftig, hängt ganz allein von der persönlichen Wahrnehmung und Bewertung der Situation ab (nämlich ob bedrohlich oder leicht zu bewältigen).

Stress besteht also aus 3 Elementen:
→ Stressor (Auslöser)
→ Wahrnehmung, Einstellung und persönliche Bewertung des Stressors
→ Stressreaktion (Notfallreaktion, Fight-or-Flight Reaktion)

Stress ist individuell und wird von jedem Menschen unterschiedlich wahrgenommen.

Was ein Mensch als besondere Belastung empfindet ist für einen anderen ganz normal und umgekehrt.

Stress ist ein uralter Mechanismus und grundsätzlich nicht schlimm, sondern kurzfristig durchaus gesund, äußerst sinnvoll und sogar überlebenswichtig.

Hierzu ein Beispiel unserer Vorfahren in der Steinzeit:

Bei einer Gefahrensituation (Auslöser ist z.B. ein Säbelzahntiger) wurde durch der persönlichen Bewertung und Wahrnehmung dessen eine Alarmreaktion des Körpers im vegetativen Nervensystem ausgelöst. Unser Vorfahre hatte nun folgende Möglichkeiten: kämpfen oder flüchten (Fight-or-Flight). Es gab zwar auch noch die Möglichkeit des totstellens, aber meistens wurde sich zwischen kämpfen oder flüchten entschieden.

Egal was er tat, durch den Kampf oder die Flucht wurden nun einige Stresshormone (u.a. Adrenalin und Cortisol) abgebaut. Somit senkte sich die Belastungskurve der Stressreaktion. Danach gab es noch eine Erholungsphase in der Höhle und unser Vorfahre war danach wieder auf dem selben Niveau wie vor der Gefahrensituation.

Diese Stressreaktion war also absolut sinnvoll und überlebenswichtig.

Dieser Mechanismus findet auch heute noch ganz genau so statt. Der Unterschied ist, dass wir jetzt meist andere belastende Situationen haben und es eigentlich nicht um Leben und Tod geht. Wir interpretieren es aber oftmals unbewusst leider so und deshalb startet diese Alarmreaktion des Körpers genauso wie früher.

In der heutigen Zeit können wir aber z.B. am Arbeitsplatz nicht flüchten, sondern müssen in der Situation drin bleiben. Adrenalin und Cortisol werden somit nicht abgebaut und verbleiben im Körper.

Langfristig und auch bei zu häufigen Alarmreaktionen wirkt Stress gesundheitsschädlich.

Später noch mehr über die Auswirkungen.

Entscheidend ist die Stressdosis, sprich die Häufigkeit, Dauer und Intensität!

Es gibt 2 Arten von Stress:

→ <u>Eustress = positiver Stress</u>

- Stressoren bewirken einen kurzen Alarmzustand und aktivieren vorübergehend den Organismus.
- Man sieht positive Herausforderung und Motivation.
- Hohe Leistungsfähigkeit, ungeheure Kräfte und Energien werden freigesetzt.
- Danach Aktivierung des Wechselspiels von Anspannung zu Entspannung.

➔ <u>Disstress = negativer, krankmachender Stress</u>
- Situation wird als überfordernd erlebt.
- Reizüberflutung versetzt Körper und Seele in Daueralarm.
- Anspannung wird nicht abgebaut.
- Entspannungsphasen kommen zu kurz oder fehlen ganz.

Schauen wir uns nun die 3 Elemente genauer an!

1. Stressoren = Auslöser

z.B.: <u>Stress am Arbeitsplatz:</u>
- Arbeitsbelastung
- Leistungsdruck
- Termindruck
- überfüllter Schreibtisch
- mangelnde Wertschätzung
- unklare Zielvorgaben
- Probleme mit Vorgesetzten und Kollegen
- Überstunden
- Überforderung
- Unterforderung usw.

Außerhalb des Arbeitsplatzes:
- Doppelbelastung Beruf und Familie
- Streitereien
- Trennung
- Pflege von Angehörigen
- Familienverpflichtungen
- gesellschaftliche Erwartungen
- Einsamkeit
- Krankheit
- finanzielle Probleme
- Freizeitstress usw.

Zusätzlich:
- Reizüberflutung
- Lärm
- Umweltbelastung
- Fastfood usw.

Die Liste lässt sich schier unendlich fortsetzen.

2. Stressverstärker (innere Antreiber) = Wahrnehmung, Einstellung und persönliche Bewertung des Stressors

Vielen von uns werden oftmals schon seit frühester Kindheit folgende „Glaubenssätze" eingetrichtert:

→ Sei perfekt oder anders gesagt: Mach ja keinen Fehler, alles muss zu 100% erledigt werden!

Hierzu ein möglicher innerer **Erlaubnissatz**:

✓ **Sei Du selbst**. Ich darf mir erlauben, Fehler zu machen. Das ist nur menschlich.

→ Mach schnell oder anders gesagt: Beeil dich, nur keine Zeit verlieren!

Hierzu ein möglicher innerer **Erlaubnissatz**:

✓ **Nimm Dir Zeit**.

→ Streng Dich an oder anders gesagt: Ohne Schweiß kein Preis, einfach ist nicht gut genug!

Hierzu ein möglicher innerer **Erlaubnissatz**:

✓ **Tue es gelassen**.

→ Mach es allen recht oder anders gesagt: Ich will keinen Konflikt eingehen, kann nicht Nein sagen.

Hierzu ein möglicher innerer **Erlaubnissatz**:

✓ **Steh zu Dir**. Du darfst auch mal Nein sagen.

→ <u>Sei stark</u> oder anders gesagt: Haltung bewahren, keine Gefühle zeigen, alles selber machen!

Hierzu ein möglicher innerer **Erlaubnissatz**:

✓ **Respektiere Dich**. Du darfst auch Gefühle zeigen

Zusätzlich gibt es **stressverstärkende Wörter** wie:
- **immer**
- **nie**
- **alle** etc.

  z.B.: sei immer perfekt, nie Schwäche zeigen usw.

Einige **stressverstärkende Denkweisen,** z.B.:
- alles auf sich beziehen
- immer trifft es mich
- man kann sich auf niemanden verlassen
- es ist wichtig, dass mich alle akzeptieren
- es gibt nichts Schlimmeres, als Fehler zu machen

Katastrophisierung, z.B.:
- alles ist schrecklich, entsetzlich, unerträglich

Alles-oder-Nichts denken; schwarz/weiss, z.B.:
- es gibt für mich als Note keine 3, sondern nur eine 1 oder 6

3. Stressreaktion (Ablauf im vegetativen Nervensystem; Sympathikus / Parasympathikus)

Um belastende Situationen wirkungsvoll bewältigen zu können sollte man verstehen, welche Vorgänge im Körper ablaufen. Hierzu die Grundlagen der Stressreaktion.

Vorab: Das Nervensystem reguliert in Zusammenarbeit mit dem Hormonsystem alle Funktionen des menschlichen Körpers und leitet Reize aus der Umwelt weiter.

Das Nervensystem (NS) gliedert sich in zentrales Nervensystem (ZNS) (bestehend aus Gehirn und Rückenmark) und peripheres Nervensystem (PNS) (12 Hirnnervenpaare + 31 Spinalnervenpaare)

Das PNS verbindet wie ein Geflecht das ZNS mit den Organen und sämtlichen Körperteilen und arbeitet zum Teil willkürlich (somatisches NS) und unwillkürlich (vegetatives/autonomes NS).

Das vegetative Nervensystem (VNS) arbeitet selbständig und ist nicht durch unseren Willen beeinflussbar. Es regelt den inneren Betrieb des Körpers und ist für die Steuerung der Organe zuständig, z.B. für Herzschlag, Blutdruck, Atmung, Stoffwechsel, Verdauung, Drüsentätigkeit.

Das VNS gliedert sich in Sympathikus (Anspannung, Energiebereitstellung, Fight-or-Flight) und Parasympathikus (Entspannung, Erholung, Regeneration).

Sympathikus und Parasympathikus haben gegensätzliche Funktionen und im Wechselspiel wird die körperliche Balance wieder hergestellt (inneres Gleichgewicht = Homöostase).

Hierzu ein extrem vereinfachter Ablauf der Stressreaktion:

Wenn durch unsere persönliche Bewertung und Wahrnehmung ein Stressor Gefahr oder Bedrohung signalisiert, aktiviert das Gehirn den Sympathikus.

Dieser steigert die Herzfrequenz, erhöht den Blutzuckerwert, beschleunigt die Atmung und lässt den Blutdruck steigen. Zusätzlich werden das Immunsystem aktiviert, die Bronchien erweitert und die Muskulatur mit Nährstoffen versorgt.

Zurückgefahren wird automatisch die Magen-, Darm-, und Blasentätigkeit, sowie die Durchblutung der inneren Organe.

Gleichzeitig werden auch noch Hormone ins Blut ausgeschüttet. Die wichtigsten davon sind Adrenalin, Noradrenalin und Cortisol. Diese verstärken die Sympathikuswirkung.

Jetzt ist der Körper in voller Alarmbereitschaft und hochleistungsfähig!

Dann, nach einer gewisser Zeit, erfolgt eine Gegenreaktion des Parasympathikus, um die Alarmbereitschaft zurückzufahren, den hohen Energieverbrauch zu senken und die körperliche Balance wieder herzustellen.

Gelingt es nicht, die Balance wieder herzustellen, z.B. auf Grund von Dauerstress oder häufigen Stressreaktionen mit zu kurzen Erholungsphasen, können schwere Gesundheitsschäden die Folge sein.

Grund dafür ist eine dauerhafte Hormonausschüttung, die in hoher Konzentration im Blut bleibt und unseren Körper in ständiger Alarmbereitschaft hält und die nicht abgebaute körperliche Erregung.

Das Immunsystem wird durch die Verminderung der Abwehrzellen geschwächt und die Elastizität der Gefäße wird verringert (durch erhöhten Blutdruck und Herzschlag).

Somit sind wir jetzt bei den Auswirkungen und Folgen von Stress.

Das Stresserleben findet auf 4 Ebenen statt:
- ➔ emotional (Gefühle)
- ➔ somatisch (körperlich)
- ➔ kognitiv (mental, geistig, gedanklich)
- ➔ behavioral (Verhalten)

Die kurzfristigen Symptome können sein: (Warnsignale!)
- Herzklopfen
- erhöhter Puls
- innere Unruhe
- Klos im Hals
- Angst
- Wut
- Gereiztheit
- Faust ballen
- Schultern hochziehen
- Magenbeschwerden
- Schweißausbruch

- Nervosität
- Anspannung
- Konzentrationsmangel
- Gedankenkreisel (Spirale) usw.

Die langfristigen und damit gesundheitsschädlichen Auswirkungen sind:

- Verspannungen
- Kopfschmerzen
- Rückenschmerzen
- Schlafstörungen
- Schwindelanfälle
- Magen-Darm-Erkrankungen
- Herz-Kreislaufstörungen (Bluthochdruck, Herzinfarkt)
- Hautkrankheiten (z.B. Neurodermitis)
- Diabetes
- Suchtverhalten (Alkohol, Drogen, Tabletten)
- Traurigkeit
- Hilflosigkeit
- sozialer Rückzug
- Erschöpfung
- Essstörung
- Angst- und Zwangsstörungen
- Depression
- Burnout usw.

Was also Dauerstress oder häufige Stressreaktionen verursachen können, ist erschreckend!

Ein wichtiger Punkt ist deshalb die Stressanalyse.

Da nämlich viele gar nicht genau definieren können, was sie eigentlich „stresst" und wenn ja, wie heftig, ist eine Situationsanalyse der Stressprobleme unabdingbar.

Diese Stressanalyse ist eine grundlegende Bestandsaufnahme der individuellen und sozialen Stressoren. Es ist sehr wichtig, durch eine Stressanalyse die belastenden Stressoren zu identifizieren, da man erst mal wissen muss, welche es sind.

Dies kann über Gespräche, Fragebögen, Messungen usw. erfolgen.

Möglichkeiten der Stressbewältigung

Vorab schon mal die gute Nachricht:

Es gibt für alle 3 Elemente des Stresses (Stressor, Stressverstärker, Stressreaktion) geeignete Bewältigungsmöglichkeiten. Die für sich richtigen heraus zu finden, liegt an jedem einzelnen selbst.

Das Wichtigste ist, dass man viele verschiedene Methoden/Techniken kennenlernt, die passenden dann erlernt und sich so ein jeder einen individuellen „Methodenkoffer" zur Bewältigung zurecht legt.

Hier kann es jetzt nur darum gehen, etliche kurz vorzustellen. Das richtige Erlernen und Üben sollte dann zumindest in einem Kurs, Workshop oder am besten im 1:1 stattfinden.

→ **Bewältigung auf Ebene der Stressoren (Instrumentelles Stressmanagement)**

= Stressoren verändern (ausschalten, vermeiden, reduzieren, akzeptieren)!

z.B. durch:

- **NEIN-sagen lernen**

    Warum Nein-sagen so schwer fällt!
    - Unsere inneren Antreiber
    - Andere nicht vor den Kopf stoßen
    - Wir erhoffen Anerkennung und Wertschätzung
    - Wir fürchten Konsequenzen usw.

    Sie dürfen aber folgendes nicht vergessen: Es geht um Ihre Gesundheit. Die Auswirkungen von Stress habe ich Ihnen geschildert. Achten Sie deshalb auf sich und hören Sie in Ihren Körper hinein. Ihre Wünsche und Bedürfnisse sind genau so wichtig wie die von anderen.

- **Grenzen setzen**

    Hierbei geht es darum, nachzudenken, abzuwägen und sich selber zu fragen:
    - Was geht mir persönlich zu weit?
    - Wodurch fühle ich mich bedrängt oder überrumpelt?
    - Wann habe ich das Gefühl, mich verteidigen zu müssen?

➢ In welcher Situation fühle ich mich hinterher schlecht, weil ich etwas getan habe, was ich eigentlich nicht wollte?

- **Unterstützung suchen**

- **Fortbildungen**

- **Zeitmanagement** (später mehr dazu)

- **Ressourcen**

  Exkurs: Eigene Ressourcen aufbauen, stärken und pflegen:

  Ressourcen sind Mittel (Kraftquellen oder Schutzfaktoren), die eingesetzt werden können, um Anforderungen zu bewältigen oder die Folgen von Stress zu mildern.

Diese kann man in 2 Gruppen untergliedern:

➢ Persönliche: umfassen persönliche Fähigkeiten und Überzeugungen z.B. Selbstwertgefühl, Optimismus, Intelligenz, Willenskraft

➢ Soziale: umfassen alle sozialen, kulturellen und materiellen Potentiale des Menschen, z.B. hilfreiche Beziehungen zu Familie, Freunden, Bekannten, Arbeitskollegen

➜ Bewältigung auf Ebene der Stressverstärker (Kognitives Stressmanagement)

= Einstellungsänderung bzw. sich selbstkritisch seiner stressverstärkenden Gedanken und Bewertungen bewusst zu werden und wenn möglich zu verändern.

z.B. durch:

- **Entkatastrophisieren**

Mit dieser Technik wird versucht, negative Einschätzungen (Katastrophen) zu relativieren, indem die schlimmsten Vorstellungen und Gedankengänge in allen Konsequenzen zu Ende gedacht und daraufhin überprüft werden, wie realistisch das Ganze ist.

Beispiel:
  ➢ Was könnte schlimmstenfalls passieren? Wie realistisch ist das?
  ➢ Was könnte bestenfalls passieren? Wie realistisch ist das und was kann ich dafür tun?
  ➢ Was wird am wahrscheinlichsten passieren? Plan, um sich darauf vorzubereiten?

- **Hypothesen testen; Hinterfragen der negativen Annahme**

Negative Selbsteinschätzungen, wie beispielsweise

„ Das bekomme ich niemals hin"

oder

„Ich habe zu viel Angst, um dort anzurufen"

können als Hypothese betrachtet werden und man sollte versuchen, die automatischen Gedanken einem Realitätstest zu unterziehen.

- **Gedanken-Stopp-Technik**

Hier geht es darum, das Gedankenkarussell der negativen Gedanken mit STOPP zu durchbrechen und durch positive zu ersetzen. Dies kann durch ein imaginäres oder laut ausgesprochenes STOPP geschehen, alternativ unterstützt mit einem körperlichen Signal, z.B. Hand zur Faust ballen etc.

- **Positives Selbstgespräch / positive Selbstinstruktion, formelhafte Vorsätze**

Hierbei geht es darum, unter Einbeziehung der eigenen Sprachgewohnheit (Dialekt, Ausdrucksform) seine ganz persönlichen, eigenen Formeln anzuwenden, um ein gewünschtes Verhalten auszulösen oder die Gefühle besser regulieren zu können, z.B.:

  ➢ In der Ruhe liegt die Kraft
  ➢ Eins nach dem anderen
  ➢ Ich bin gesund
  ➢ Ich schaffe das
  ➢ Ich habe ein starkes Immunsystem
  ➢ Ich habe starke Abwehrkräfte
  ➢ Ich achte auf jede Freude
  ➢ Ich bin ganz sicher, ruhig und frei
  ➢ Ich bin ruhig, gelassen und ganz entspannt usw.

- **Situationen nicht als Bedrohung, sondern als Herausforderung sehen**

Nicht daran denken, was alles Schlimmes und Schreckliches passieren könnte, sondern was ich tun kann, um die Situation zu bewältigen.

➜ **Bewältigung auf Ebene der Stressreaktion (Palliatives Stressmanagement)**

<u>= Hier geht es darum, kurzfristig die Stressreaktion zu dämpfen und abzubauen und langfristig die eigene Belastbarkeit zu stärken.</u>

Kurzfristig: Spontanentspannung, z.B.:
- Sport
- Bewegung allgemein
- spazieren gehen
- Musik hören
- Entspannungsübungen durchführen
- schreien
- singen
- lachen
- weinen
- Wahrnehmungslenkung auf die Atmung, auf ein Bild, Baum, Stuhl etc.
- innere Bilder (Zufluchtsort = Sicherheit)

Langfristig: Sport, systematische Entspannungstechniken erlernen, z.B.:

- Progressive Muskelrelaxation nach Jacobson
- Phantasiereisen
- Körperreisen
- Achtsamkeitsübungen
- Ausdauersport (leicht), regelmäßige Bewegung
- Arbeit mit inneren Bildern
- Ernährung
- eigene Ressourcen aufbauen, stärken und pflegen usw.

Exkurs: Systematische Entspannungstechniken = auf lange Sicht etwas verändern!

➢ Entspannungsverfahren sind in ihrer Wirkung gleich. Sie unterscheiden sich nur in ihrem Zugang zur Entspannung.

➢ Im Entspannungszustand sind andere Wellenmuster der Gehirnströme aktiv als im Schlaf. Mit dem Entspannungszustand wird etwas ganz Neues erlernt.

➢ Praktisch vom Sympathikus zum Parasympathikus!

Unter Stressmanagement versteht man also einzelne Methoden, die das Ziel haben, belastenden Stress zu verringern, abzubauen oder gar nicht erst entstehen zu lassen.

Somit kommen wir nun zum Zeitmanagement oder besser gesagt „Selbstmanagement".

Hier geht es vor allem darum, Aufgaben zu hierarchisieren und sich die Zeit bewusst einzuteilen!

Damit sollen einige Stressoren schon im Vorfeld ausgeschaltet werden.

Eine einfache, aber effektive Methode könnte folgendermaßen aussehen:

Stellen Sie alle Termine und Aufgaben für den Tag und die Woche zusammen. Schätzen Sie die zeitliche Länge der Tätigkeiten und geben noch etwas Puffer für Unvorhergesehenes obendrauf.

Gliedern Sie nun ein Blatt in drei Spalten und beschriften es folgendermaßen.

→ Spalte 1: Wichtig und dringend!

→ Spalte 2: Durchschnittlich wichtig, aber nicht sehr dringend!

→ Spalte 3: Weniger wichtig!

Entscheiden Sie nun über die Prioritäten und teilen die Termine und Aufgaben in den entsprechenden Spalten ein.

Zuerst werden alle Termine und Aufgaben der 1. Spalte erledigt. Diese sind die wichtigsten und dringendsten des Tages. Wenn möglich, gehen Sie noch die 2. Spalte an und versuchen auch, Aufgaben zu delegieren. Die 3. Spalte gehen Sie an, wenn Zeit ist und die Aufgaben möglichst effizient „in einem Rutsch" erledigt werden können.

Am nächsten Tag die Termine und Aufgaben wieder neu nach Prioritäten einstufen. Wenn zu viel Unerledigtes überbleiben würde, dann sofort aktiv werden und Unterstützung suchen. Am Ende des Tages ist es auch hilfreich, wenn kontrolliert wird, wo die Zeit hängen geblieben ist.

Stichwort: Zeitfresser

Was sind typische Zeitfresser?

Wie viele Stunden in der Woche?

Wie können die Zeitfresser reduziert oder abgebaut werden?

Exkurs Zeitfresser:

Typische Zeitfresser:

- Telefon, Smartphone, E-Mails, Internet
- Besprechungen, Konferenzen, Besucher
- Perfektionismus
- Unordentlicher Schreibtisch, schlechtes Ablagesystem
- Zu wenig delegieren
- Fehlende Zielsetzung, zu viel auf einmal anfangen
- Falsche Prioritäten
- Nicht Nein sagen können
- Mangelnde Selbstdisziplin
- Unentschlossenheit
- Keine oder unpräzise Kommunikation
- Störungen von außen

- Ablenkung durch Lärm
- Fehlende Kontrolle über Arbeitsfortschritt
- Unklare Verantwortungsabgrenzung
- Private Gespräche usw.

Mögliche Strategien gegen die Zeitfresser:
- Prioritäten setzen
- Wichtiges / Dringendes / Unwichtiges gewichten
- Tagespläne und Wochenpläne aufstellen
- Mit Checklisten arbeiten
- Delegieren, Arbeit weitergeben
- Erfolgreich mit anderen zusammenarbeiten
- Ordnung halten, den eigenen Arbeitsplatz sinnvoll organisieren
- Unerledigtes sichtbar machen
- Nicht ablenken lassen
- „Stille Stunde" einführen (z.B Rufumleitung, keine Besuche, extra Raum)
- Wichtiges festhalten (Notizblock)
- Mit der eigenen Energie haushalten
- Den eigenen Arbeitsrhythmus kennen und nutzen
- Früher ins Büro
- Systematische Fehleranalyse und Problemlösung betreiben
- Abends richtig aufhören usw.

Im Bereich des Zeitmanagements, der Stressbewältigung und der Zielfindung gibt es natürlich unzählige viele weitere Methoden, um Stressoren aufzuspüren und zu bearbeiten. Dies würde hier jedoch bei weitem den Rahmen sprengen.

Trotzdem möchte ich noch kurz einige weitere hilfreiche Methoden ansprechen:

- **Genusstraining**

Hierbei geht es darum, kleine Freuden des Lebens wieder wahrzunehmen und mit allen Sinnen genießen können.

Nimm Dir Zeit zum Genießen, genieße bewusst und lieber wenig, aber richtig.

Beispiel:

Ein Stück verpackte Schokolade erst mal nur ansehen und ertasten.

Dann langsam auspacken, hören wie das Papier raschelt und dann die Schokolade in der Hand halten.

Erst mal nur daran riechen, welcher Duft davon ausgeht.

Dann langsam in den Mund führen und ganz genüsslich zergehen lassen.

Vielleicht ist eine Füllung darin und Sie beißen ganz vorsichtig einmal mittendurch.

Spüren Sie den Geschmack und das Aroma.

All dies geschieht achtsam, bewusst und mit allen Sinnen.

Schön, nicht wahr?

Grundsätzlich:

- **Positives Denken**
- **Lachen**
- **soziale Kontakte pflegen usw.**

Exkurs: Rückfallprävention

Rückschläge und Misserfolge sind unvermeidbar und wertvolle Wegweiser für die weitere Entwicklung. Es wird der Umgang mit Misserfolgen analysiert und bearbeitet. Durch erfolgreiche Überwindung der Rückschläge soll das Vertrauen des Klienten in geeignete Bewältigungsstrategien gestärkt werden.

Nun komme ich noch zu dem Begriff Work-Life-Balance, indem das Arbeits-und Privatleben miteinander in Einklang stehen sollen.

Arbeit – Leben – Gleichgewicht (Work-Life-Balance).

In kleiner Abwandlung dessen kann man sich vielleicht folgendes merken, wie ein Gleichgewicht aussehen könnte:

➢ 1/3 Beruf/Arbeit

➢ 1/3 soziale Kontakte (Familie, Freunde, Bekannte)

➢ 1/3 Ich (Zeit für mich)

Mir ist schon klar, dass dies ein Idealbild darstellt und in der Realität so nicht durchführbar ist. Aber Fakt ist, dass es unglaublich wichtig ist, zumindest ein Mal am

Tag, sei es auch nur für eine halbe Stunde, sich Zeit für sich selbst zu nehmen.

Am Besten zu einem festen Zeitpunkt, um dem Körper so zu signalisieren, dass jetzt die bewusste und achtsame Wahrnehmung für einen selbst beginnt.

Damit ist nicht gemeint, dass man vor dem Fernseher, PC oder Smartphone sitzt, die Füße auf den Tisch legt und eventuell viel Alkohol trinkt.

Sondern sich ganz bewusst Zeit für sich selbst nimmt und aktiv Entspannung betreibt. Machen Sie alles, was Ihnen Spaß macht und gut tut. Gehen Sie spazieren, treiben Sport, machen Entspannungsübungen, Yoga, Achtsamkeit oder lesen ein gutes Buch.

Hauptsache, Sie nutzen die Zeit für sich selbst.

Sie merken, das Thema Stress ist meines Erachtens sehr wichtig. Die Zusammenhänge und Abläufe zumindest ein wenig zu verstehen und auf die eigenen Körperempfindungen und Reaktionen zu achten, kann nicht schaden.

Mir hat es auf jeden Fall Sicherheit gegeben, da ich nun nicht mehr bei jeder Stressreaktion durchgedreht bin. Ich habe verstanden, dass ich scheinbar wieder einen Reiz oder eine Situation falsch bewerte und darum die Reaktion hervorgerufen wird.

Ich habe mich dadurch sehr viel schneller wieder beruhigen können und somit ist die Stressreaktion erst gar nicht so hoch geschossen.

Mit der Zeit habe ich sogar sehr oft über mich selbst gelacht. Sobald bei einer irrealen Angst mein System wieder hoch gefahren ist, habe ich mit der Zeit dies immer schneller bemerkt und dann zu mir selbst gesagt:

„Stop, halt, jetzt spinne ich wieder. Dies ist eine ganz normale Situation und kein Grund, in den Überlebensmodus umzuschalten. Ich bin gesund. Ich habe ein starkes Immunsystem. Ich habe starke Abwehrkräfte".

Dies hat dann mit viel Übung tatsächlich geholfen, ein wenig runter zu kommen.

Jetzt sprach ich innerlich nochmal zu mir und ermutigte mich weiter:

„Meine Abwehrkräfte freuen sich, wenn sie was zu tun bekommen. Dies ist absolut normal, förderlich und gut. Ich bin ruhig, gelassen und ganz entspannt".

Somit wurde ich noch etwas ruhiger und habe dann versucht, mich abzulenken um schnell auf andere Gedanken zu kommen.

Im Idealfall also an etwas Positives oder Freudiges denken und tun.

Dies klappte mittlerweile schon einigermaßen gut.

Jetzt bin ich aber ein Mensch, der gerne alles schwarz auf weiß hat.

Ich habe mich schon lange gefragt, ob es nicht in der heutigen Zeit eine Möglichkeit zum Messen und Visualisieren gibt, also festzustellen, ob und wie gut das vegetative (autonome) Nervensystem funktioniert.

Es wäre doch überragend, wenn die Frage beantwortet werden kann, ob der Körper noch in der Lage ist, mit Stress umzugehen. Wenn man viele Parameter des Sympathikus und Parasympathikus messen, analysieren und somit dann ganz gezielt den Ruhenerv trainieren kann.

Voller Elan machte ich mich auf die Suche und wurde dann nach vielen Recherchen tatsächlich fündig. All das von mir gewünschte ist möglich und gibt es.

Das „Zauberwort" hat drei Buchstaben und lautet:

HRV

HRV steht für Herzratenvariabilität und in dem nun folgenden Kapitel werde ich kurz darauf eingehen.

HRV-Analyse des vegetativen Nervensystems

Ich muss gestehen, dass mich diese Methode absolut überzeugt hat und nach wie vor fasziniert. Deshalb möchte ich kurz darauf eingehen und ein paar Sätze dazu verlieren.

Was ist die HRV und welche Informationen ergeben sich dadurch?

Obwohl wir das Gefühl haben, dass die Abstände zwischen den Herzschlägen immer genau gleich sind, ist dies aber keineswegs der Fall. Die Abstände zwischen zwei Herzschlägen variieren je nach Ereignis oder Reiz und diese normale, wünschenswerte und gesunde Fähigkeit zur Veränderung der Herzfrequenz nennt man Herzratenvariabilität (HRV).

Das vegetative (autonome) Nervensystem regelt den inneren Betrieb des Körpers und ist für die Steuerung der Organe zuständig, wie u.a. für Atmung, Stoffwechsel, Verdauung, Drüsentätigkeit, Blutdruck und Herzschlag.

Es gliedert sich in Sympathikus und Parasympathikus, arbeitet selbständig und ist nicht durch unseren Willen beeinflussbar. Beide haben gegensätzliche Funktionen und im Wechselspiel wird die körperliche Balance wieder hergestellt (inneres Gleichgewicht).

Sympathikus steht für Anspannung, Alarmreaktion des Körpers (Fight-or-Flight) und ist im weitesten Sinne vergleichbar mit dem Gaspedal bei einem Auto. Parasympathikus steht für Entspannung, Ruhe, Regeneration und kann verglichen werden mit der Bremse. Ob und wie gut das vegetative (autonome) Nervensystem und vor allem die "innere Bremse" funktionieren, kann mit einer HRV-Messung herausgefunden werden.

Wie wird gemessen?

Ich verwende für die HRV-Messung eines der leistungsfähigsten HRV-Systeme überhaupt. Es vereint die Standardtests der neurovegetativen Funktionsanalyse und das HRV-Biofeedback in einem System.

Die HRV-Messung findet mittels EKG-Klammern und Ohrclip statt und ist nicht belastend.

Sie brauchen sonst nicht weiter verkabelt werden und müssen sich nicht umziehen.

Was ist der Standardtest und wie lange dauert er?

Ich führe grundsätzlich als Standard eine RSA-Messung und eine Kurzzeit-HRV durch.

Bei der RSA-Messung wird über eine Dauer von 1 Minute bei vorgegebenem Atemrhythmus die aktuell maximal erreichbare HRV gemessen. Dies ist eine rein parasympathische Funktionsanalyse.

Die Kurzzeit-HRV, die 5 Minuten dauert, spiegelt den Ist-Zustand des neurovegetativen Nervensystems im Ruhezustand wieder.

Wichtige Einflussfaktoren wie Alter werden bei den umfangreichen Analysen und Berichten berücksichtigt.

Welche Messungen und Methoden gibt es sonst noch?

Je nach Bedarf gibt es auch noch eine Langzeit-HRV-Messung und eine Liegen/Stehen-Messung.

Um den Parasympathikus zu trainieren, eignet sich ausgezeichnet das HRV-Biofeedback. Hierbei geht es um die Rhythmisierung von Atmung und Herzschlag, welches durch technische Hilfsmittel wunderbar sichtbar gemacht wird.

Wie gesagt, ich bin begeistert und darum wollte ich Ihnen dieses Instrument gerne kurz vorstellen.

Nun geht es aber weiter mit meiner Geschichte.

Die Krankenkasse und meine Vorbereitungen und Gedanken zum Arbeitsplatz

Während meiner fast 1 1/2-jährigen Arbeitsunfähigkeit hatte ich immer wieder in unregelmäßigen Abständen telefonischen Kontakt mit der Krankenkasse. Dabei machte ich folgende Erfahrungen:

Ich war von Anfang an absolut ehrlich und bin offen mit dem Thema umgegangen. Zu meinem eigenen Erstaunen, da man ja oftmals von anderen nicht so viel Gutes hört, hatte ich sehr verständnisvolle und mitfühlende Sachbearbeiter, die zuhörten und mir das Gefühl vermittelt haben, für mich da zu sein und die Krankheit zu verstehen.

Ich habe des öfteren lange und ganz wunderbare Gespräche geführt und hatte dabei nie das Gefühl, dass ich nur eine Nummer bin oder gar lästig.

Hier kann ich nur meinen Hut davor ziehen und von Herzen Danke sagen.

In dieser langen Krankheitsphase hatte ich auch sehr viel Zeit, mir grundsätzliche Gedanken zu machen und Fragen zur Arbeitswelt zu stellen und mir selbst zu beantworten.

Diese waren:

Welche der folgenden Möglichkeiten favorisiere ich?

Berentung, Kündigung, Umschulung oder Wiedereingliederung?

„Ganz klar und eindeutig die Wiedereingliederung."

Was ist mir wichtiger, Karriere oder Gesundheit?

„Die Gesundheit ist das Wichtigste im Leben. Ich spüre und bin mir sicher, dass die alte Tätigkeit mir nicht mehr gut tut. Deshalb werde ich versuchen, eine andere Aufgabe in der Firma zu übernehmen."

Welches Ziel habe ich?

„Ich will meine Arbeitszeit auf 20 Stunden in der Woche reduzieren."

Kann ich mir das finanziell und sozial leisten?

„Finanziell ist es irgendwie möglich und durch die Rückendeckung meiner Partnerin und Familie habe ich auch sozial keine Probleme damit. Mir ist auch nicht mehr so wichtig, was andere von mir denken. Es geht allein um mich, meine Gesundheit und was mir grundsätzlich gut tut."

Wann will ich mein Ziel erreicht haben?

„Schnellstmöglich nach der Wiedereingliederung."

Bin ich fit genug für den Neuanfang?

„Ich fühle mich absolut stabil und voller Tatendrang. Mir ist zwar bewusst und ich habe akzeptiert, dass ich gewisse Störungen wahrscheinlich nie mehr ganz weg bekomme. Dennoch fühle ich mich stark und bereit für eine neue Aufgabe."

Was ist der nächste Schritt?

„Ein Gespräch über meine Zukunft mit meinem Niederlassungsleiter."

Somit hatte ich mir einen konkreten Plan zurechtgelegt und ein lohnendes Ziel vor Augen. Unser Termin rückte näher und meine Aufregung wurde minütlich stärker. Gespannt und voller Hoffnung, aber auch von Zweifel und Unsicherheit geprägt, trafen wir uns an einem neutralen Ort.

Nachdem wir uns begrüßt hatten, war meine Nervosität wie weggeflogen. Es war ein unglaublich ehrliches, harmonisches und respektvolles Gespräch. Mein Niederlassungsleiter sagte, dass ich mir auch trotz der langen Ausfallzeit keine Sorgen um meinen Arbeitsplatz machen muss. Für diese Krankheit kann ich nichts und er will mich auch nach der Wiedereingliederung unbedingt in der Firma halten. Diese Wertschätzung machte mich glücklich und stolz. Sie beruhte aber auch auf Gegenseitigkeit und ich konnte versichern, dass ich meine ganze Arbeitskraft in neuer Funktion einbringen werde.

Wir waren in vielen Punkten einer Meinung und hatten in etwa die gleichen Vorstellungen, wie es weitergehen könnte.

Dies beinhaltete eine andere Tätigkeit innerhalb der Niederlassung. Zusätzlich hat er meinen Wunsch nach Teilzeit absolut verstanden und unterstützt. Wir haben viele Punkte gleich konkretisiert und ich war begeistert, dass meine Wünsche akzeptiert und angenommen wurden.

Meine über 25-jährige Betriebszugehörigkeit mit erbrachter Arbeitsleistung, Loyalität und Liebe zur Firma wurde scheinbar gewürdigt und geschätzt. Ich wurde nicht fallen gelassen, sondern von allen unterstützt und aufgefangen.

Ich war gerührt, dankbar und glücklich.

Nachdem wir den Termin für die Wiedereingliederung besprochen hatten, verabschiedeten wir uns.

Somit bin ich mit der ehrlichen und offenen Art bei meinem Arbeitgeber wie auch bei der Krankenkasse absolut gut gefahren.

Dies kann vielleicht in beiden Fällen Glück gewesen sein, aber ich kann hier sowieso nur meinen Weg wiedergeben. Jeder muss für sich selbst entscheiden, wie weit er gehen und alles preis geben will.

Die Wiedereingliederung

Nun war es also soweit. Nach dieser unglaublich langen Ausfallzeit mit so viel Leid, Qual und ungewissem Ausgang konnte und durfte ich endlich wieder arbeiten.

Ja, Sie haben richtig gelesen.

Ich war glückselig, dass ich endlich wieder arbeiten konnte und durfte.

Dies kann wahrscheinlich nur jemand verstehen, der selbst auch eine lange Leidenszeit hinter sich gebracht hat und nicht wusste, wie das Ganze ausgeht.

Die Wiedereingliederung sollte in drei Etappen stattfinden.

2 Wochen lang für 2 Stunden, dann 2 Wochen für 3 Stunden und zum Schluss 2 Wochen für 4 Stunden.

Somit wurde mein Wunsch nach einer Halbtagsstelle am Vormittag erfüllt und ich war froh und glücklich.

Jetzt konnte es endlich losgehen.

Obwohl ich mich mental unglaublich gut auf den Tag X vorbereitet hatte, waren die Nächte vor meinem ersten Wiedereingliederungstag aber trotzdem die Hölle. Große Aufregung, Panik und an Schlaf war gar nicht zu denken. Mir war dies aber fast schon klar. Deshalb versuchte ich, die Nacht zu überstehen und dem Ganzen nicht zu viel Bedeutung bei zu messen. Ich wusste, dass es Tag für Tag dann besser werden würde und ich jetzt einfach da durch musste.

Die Hinfahrt zur Firma mit dem Auto war begleitet von schnellen und heftigen Herzschlägen und Pulsrasen. Ich musste alles an Entspannungs- und Achtsamkeitstechniken einsetzen, um mich irgendwie zu beruhigen.

Endlich war ich dann da.

Ich stieg aus, atmete einige Male tief und langsam ein und aus und betrat die Firma.

Unglaublich warmherzig und fast schon liebevoll wurde ich von allen begrüßt. Wir redeten ganz offen und ehrlich über mein Befinden, aber auch über die Geschehnisse in der Firma. Nach etlichen Gesprächen löste sich dann meine Anspannung allmählich auf.

Nun besprach ich mit meinem Niederlassungsleiter die weiteren Schritte.

Wir definierten das Aufgabengebiet, die Arbeitszeit und das weitere Vorgehen. Er zeigte mir meinen neuen Arbeitsplatz und redete beruhigend auf mich ein. Ich solle jetzt erst mal ankommen und mich während der Wiedereingliederung ganz langsam an die Arbeitswelt und die Belastung Stück für Stück gewöhnen. Er mache keinen Druck und ich soll schauen, wie es mir mit der neuen Tätigkeit und den Anforderungen geht.

Bevor wir das Gespräch beendeten, platzte allerdings unvorbereitet für mich eine Bombe.

Mein Niederlassungsleiter eröffnete mir, dass er innerhalb der Gesellschaft eine neue Aufgabe übernimmt und nur noch für die Zeit meiner Wiedereingliederung hier im Haus tätig ist.

Rumms, das saß.

Ich war völlig unvorbereitet auf diese Nachricht und meine Gesichtszüge entgleisten.

Er sagte mir, dass alles ziemlich schnell ging und trotzdem eine perfekte Lösung für das Haus gefunden wurde.

Nachdem ich erfuhr, wer der Nachfolger wird, war ich extrem beruhigt, glücklich und froh.

Es gab eine interne Lösung mit einem sehr geschätzten, kompetenten und menschlich wundervollen Kollegen. Wir arbeiteten gefühlt schon eine halbe Ewigkeit zusammen und wussten, dass wir uns aufeinander verlassen können.

Somit konnte ich meine Wiedereingliederung nun beruhigt starten und richtete meinen Arbeitsplatz ein.

Als ich mich mit den EDV-Programmen wieder einigermaßen vertraut gemacht hatte, sah ich danach in mein E-Mail Programm.

Obwohl mir mitgeteilt wurde, dass ich aus etlichen Verteilern raus genommen wurde und es somit nicht ganz so viele Mails sein sollten, war ich schon mächtig gespannt auf die Anzahl.

1261 Nachrichten!

In Worten: Eintausendzweihunderteinundsechzig!

Wow, mir fehlten die Worte.

Ich wusste nicht, ob ich lachen oder weinen sollte.

Ich schüttelte mich kurz und begann dann mit Hilfe meines Niederlassungsleiters die älteren und unwichtigeren Mails zu filtern und zu löschen.

Nach nochmaligem Filtern und kurzem Überfliegen wurde wieder eine große Anzahl gelöscht.

Jetzt sah das Ganze schon freundlicher aus.

Nun blieben noch die wirklich wichtigen Nachrichten übrig und ich teilte sie mir auf die nächsten Tage auf.

Zusätzlich wurde ich ganz behutsam an die neuen Aufgaben herangeführt und eingearbeitet.

Die Tage vergingen wie im Flug und Woche für Woche wurde ganz behutsam das Arbeitspensum gesteigert.

Ab der fünften Woche hatte ich weitgehend alle Aufgaben übernommen und gewann im Laufe der Zeit immer mehr an Sicherheit.

Bevor die Wiedereingliederung zu Ende ging und ich dann nahtlos in den regulären Arbeitskreislauf wieder integriert werden sollte war es Zeit, eine Bilanz zu ziehen.

Die wichtigsten Fragen für meinen Arbeitgeber, meine Psychiaterin und natürlich auch für mich selber lauteten:

Wie geht es mir?

Wie fühle ich mich?

Bin ich den Anforderungen und dem Arbeitspensum meiner neuen Tätigkeit gewachsen?

Was machen meine Ängste und Zwänge?

Ich musste nicht lange überlegen und die Antworten sprudelten nur so aus mir heraus.

„Ich fühle mich großartig. Jeden Morgen stehe ich glückselig auf und freue mich auf die Arbeit. Mir gefällt das neue Aufgabengebiet unglaublich gut und ich gehe da vollkommen auf. Endlich kann und darf ich wieder ein Teil dieser wunderbaren Mannschaft sein."

Meine Begeisterung kannte keine Grenzen und das Beste war, dass dies nicht nur gespielt, sondern absolut ehrlich war.

Im Bezug auf die Ängste und Zwänge stellte ich folgendes fest:

Bei Gegenständen, welche auch andere Personen berührten oder benutzten, war eine große Besserung zu erkennen. Ich drehte nicht mehr völlig durch oder musste mich sofort waschen oder desinfizieren. Nein, ich lernte es immer länger auszuhalten und es machte mir weniger aus als früher.

Allerdings muss ich gestehen, dass Husten, Niesen oder Ähnliches von meinen Gegenübern mir immer noch großes Unbehagen bis hin zur Panik auslöste.

Am schlimmsten allerdings war und ist das Hände schütteln. Hier ist für mich eine Ansammlung von Viren, Bakterien und Keimen versammelt und alles in mir schlägt Alarm. Wenn man allerdings bedenkt, dass 80% der Infektionskrankheiten über die Hände übertragen werden, dann sind meine Gedanken schon gar nicht mehr so seltsam.

Aber sei es wie es will.

Diese Angst vor Krankheiten wurde einfach nicht besser und ich bin mir auch gar nicht sicher, ob es überhaupt jemals noch besser werden wird.

Aus diesem Grund habe ich für mich folgendes beschlossen:

Damit ich mich in dieser Hinsicht nicht noch mehr quälen muss, werde ich in Zukunft so gut wie keine Hände mehr schütteln.

Dies wird wahrlich nicht einfach werden und ich werde viel Unverständnis und Ablehnung ernten. Aber ich ziehe das durch und stehe auch dazu. Ich werde freundlich und ruhig meine Gründe nennen und die Sachlage erklären.

Dann kann jeder für sich selbst entscheiden, wie er damit umgeht und ob es akzeptiert wird oder nicht.

Zum Glück hatten alle in der Firma diese Problematik verstanden und hatten keinerlei seltsame Kommentare oder Sonstiges los gelassen. Sie haben mich unterstützt, wo es nur ging und waren und sind nach wie vor für mich da.

In diesem Zusammenhang möchte ich folgendes einmal sagen: Für mich war es ab dem ersten Tag der Wiedereingliederung wie ein Heimkommen. Meine Arbeitskolleginnen und Kollegen sind für mich nicht nur irgendwelche Personen, sondern sehr liebgewonnene Freunde, die ich nicht mehr missen möchte.

Dies hat vermutlich auch sehr viel dazu beigetragen, dass ich mich relativ gut und schnell wieder einleben konnte.

Darum will ich auf diesem Weg auch noch einmal Danke sagen.

Vielen lieben Dank :-)

Der weitere Verlauf für die nächsten 2 Jahre

In der Arbeit verlief alles ganz wunderbar. Das Aufgabengebiet und die Arbeitszeit haben sich für mich als absoluter Glücksfall erwiesen. Ich konnte meine volle Arbeitskraft, Wissen und Erfahrung in die Firma einbringen und fühlte mich trotz meiner Teilzeitbeschäftigung als vollwertiges Mitglied in dieser wunderbaren Mannschaft.

Meine noch vorhandenen Ängste, Zwänge und Probleme sind zwar nicht weggegangen, aber sie wurden auch nicht größer. Ich habe dies akzeptiert und konnte genauso wie meine Familie, Freunde, Arbeitskolleginnen und Kollegen sehr gut damit umgehen.

Natürlich gab es auch mal schlechtere Momente, aber im Großen und Ganzen war ich wirklich sehr zufrieden. Wenn ich bedenke, wo ich hergekommen bin und wie es mir nun ging, war ich voller Zuversicht und Dankbarkeit.

Einmal in der Woche ging ich nach wie vor zu meinem Psychotherapeuten. Diese Sitzungen taten mir sehr gut und es gab für mich immer wieder etwas Neues zu entdecken.

Meine Psychiaterin vereinbarte mit mir einmal im Quartal einen Termin. Sie sah sich die routinemäßigen Blut- und EKG-Werte an und besprach mit mir das weitere Vorgehen bezüglich der Tabletten. Wir vereinbarten, dass ich noch eine gewisse Zeit die jetzige Dosis weiter nehme und dann ganz, ganz langsam die Medikamente ausschleichen soll. Dies geschieht dann in Absprache und Kontrolle mit ihr und wird auch noch einige Zeit dauern, bis es soweit ist.

Mir hat alleine schon diese Ankündigung nochmals einen zusätzlichen positiven Schub gegeben, da ich ja unbedingt irgendwann einmal die Tabletten wieder absetzen wollte und dies zumindest jetzt nicht mehr völlig unrealistisch erschien.

Es verlief alles nach Plan und ich fühlte mich glücklich, zufrieden, stolz und auch sehr stabil.

Nun war es für mich an der Zeit, ein Versprechen aus meiner akuten und schlimmsten Phase einzulösen. Ich hatte mir fest vorgenommen:

Sollte ich jemals wieder ein halbwegs „normales" Leben führen können, dann möchte ich die durchlebten Erfahrungen, das theoretische und eben auch praktische Wissen weitergeben.

Ich will betroffenen Menschen Mut machen, damit sie sehen, dass man aus dieser dunklen Phase der Krankheit auch wieder rauskommen kann und allen anderen Menschen helfen, die vielleicht zwar schon auf einem gefährlichen Weg, aber zum Glück noch gesund sind.

Nun war es sehr hilfreich, dass ich eh schon einige qualifizierte Aus- und Fortbildungen absolviert und erlernt habe, wie z.B.:

- Entspannungspädagoge
- Stressmanagementtrainer
- Mental Coach
- Kursleiter für Progressive Muskelrelaxation nach Jacobson.

Nun arbeitete ich verschiedene Konzepte aus und erstellte unterschiedliche Vorträge, Kurse, Workshops und Entspannungssitzungen. Somit sollte für jeden etwas dabei sein.

Mit am Wichtigsten war und ist mir aber die HRV-Analyse des vegetativen Nervensystems und das Coaching im 1:1 bei belastenden Lebensereignissen, beruflichen und/oder privaten Problemen.

Exkurs Coaching:

- Was ist Coaching?

Der Begriff Coach ist in der englischen Sprache seit 1556 nachgewiesen und bedeutet in seiner ursprünglichen Form Kutsche. Dieses Bild vermittelt auch heute noch den wesentlichen Kern von Coaching als ein Hilfsmittel, welches Menschen auf den Weg brachte und zum Ziel beförderte. Coaching ist eine individuelle, unterstützende Betreuung des Klienten zur Problemlösung, Zielfindung und Leistungssteigerung.

Ein Coach ist kompetenter Feedbackgeber und hilft als Prozessberater. Hier gibt es keine direkten oder vorgefertigten Lösungsvorschläge. Vielmehr entwickelt der Klient seine eigenen Lösungen.

- Welche Art von Coaching erwartet Sie bei mir und was sind die Ziele?

Ich habe mich auf Einzelcoaching spezialisiert und unterstütze Sie bei der Lösung eines bestimmten Problems oder der Verfolgung eines konkreten Ziels.

Dies geschieht durch den Dialog auf Augenhöhe zwischen Ihnen und mir mit vielen verschiedenen Methoden und Techniken, wie z.B. Zielfindung, Problemlösetraining, Ziel- und Werteanalyse, Stressanalyse usw.

Ich unterliege keinen Interessen Dritter, bin neutral und der Diskretion verpflichtet.

Es geht darum, Potenziale (wieder) freizusetzen und Hilfe zur Selbsthilfe zu geben.

Es geht um die Förderung von Selbstkompetenzen, wie z.B. Verantwortung, Bewusstsein und Selbstreflexionsvermögen.

- Auf welche Anwendungsbereiche habe ich mich spezialisiert?
  - Alles rund ums Thema Stress
  - Belastende Lebensereignisse (Stressoren)
  - Persönliche und/oder berufliche Probleme

- Welchen Nutzen kann Coaching haben?
  - Coaching kann helfen, wenn Probleme akut werden (bzw. geworden sind) und nicht oder nur schwer alleine gelöst werden können
  - Unterstützung in der persönlichen Problemlösung, Zielfindung, Zielverfolgung und Zielerreichung
  - Steigerung des Selbstbewusstseins (Selbsterfahrung) aus der eigenen Mitwirkung am Coachingergebnis und durch Zielerreichung aus überwiegend eigener Kraft
  - Verbesserung der Selbstreflexion
  - Ablegen von alten, hemmenden Glaubenssätzen
  - Erschließung neuer Ressourcen zum Erreichen von Zielen

- Wie läuft ein Coaching-Prozess ab und welche Voraussetzungen sollten erfüllt sein?

Für unser erstes Kennenlernen biete ich Ihnen ein kostenloses und unverbindliches Vorgespräch an. Dies wird ca. 30 Minuten dauern und dient vor allem dazu festzustellen, ob die Chemie stimmt und die Wahrnehmung des Coachingbedarfs (Freiwilligkeit, Selbstmanagement und Veränderungsbereitschaft des Klienten). Es werden Möglichkeiten, Grenzen und gegenseitige Erwartungen geklärt.

Wenn das Vertrauen und die gegenseitige Akzeptanz vorhanden sind, schließen wir einen Vertrag. Ich biete Ihnen vergünstigte Coaching-Pakete wie auch Einzelsitzungen an.

In der Hauptphase geht es um die Klärung der Ausgangssituation (Ist-Soll-Zustand). Gemeinsam werden wir dann Ziele und Lösungswege erarbeiten. Danach folgt die Umsetzung der gefundenen Ziele.

Zum Abschluss folgt die Überprüfung der Zielerreichung.

Bei geeignetem Anliegen und/oder auf Wunsch von Ihnen kann das Coaching auch gerne per E-Mail, Skype oder Telefon durchgeführt werden.

Aber eines war und ist mir klar und darum möchte ich folgendes festhalten und mich absolut abgrenzen:

Ich bin weder Arzt noch Heilpraktiker und führe keine Behandlungen, Diagnosen oder Indikationen im klassischen medizinischen Sinne durch. Mein Tätigkeitsschwerpunkt liegt im Bereich der Aufklärung, Gesundheitserhaltung, Förderung und Prävention.

Meine Klienten sind gesunde, oder gerade noch gesunde Menschen, die voll verantwortlich für sich selbst sind und Entspannung, Stressbewältigung und Beratung suchen.

So viel zum Thema Coaching.

Bevor ich allerdings loslegen konnte, musste ich mir die Genehmigung meines Arbeitgebers für die Selbständigkeit im Nebenerwerb einholen. Diese hatte ich erhalten und nachdem ich auch alle anderen steuerlichen, rechtlichen und bürokratischen Hürden überwunden hatte, konnte ich starten.

Eines war mir aber absolut klar:

Die Nebentätigkeit darf mich nicht gesundheitlich schädigen oder beeinflussen. Sobald ich merken sollte, dass es mir wieder schlechter geht oder sonstige Schwierigkeiten auftauchen würden, höre ich sofort damit auf. Ich werde nur sehr vereinzelt Termine annehmen und ganz genau auf meinen Körper hören.

Gesagt, getan.

Es pendelte sich alles ganz wunderbar ein und ich nahm wirklich nur ganz, ganz wenige Termine wahr. Mein Hauptaugenmerk war und ist natürlich meine Arbeit in der Firma. Somit harmonierten beide Tätigkeiten sehr gut und ich wurde nicht überfordert, sondern erlang Stück für Stück mehr Selbstsicherheit und Selbstvertrauen.

Es war eine sehr gute Phase und mir machte alles unheimlich viel Spaß. Ich fühlte mich immer besser und hatte das Gefühl, dass ich schön langsam wieder Bäume ausreißen könnte.

Ich musste mich also sogar ein wenig bremsen, damit ich nicht übermütig wurde und mir zu viel zumutete.

Zum Glück entwickelte ich immer mehr ein Gespür für meinen Körper und die Signale, die er mir aussendete. Somit merkte ich immer schneller, wenn ich zu sehr unter Strom und Anspannung stand.

Dies war dann mein Zeichen, dass ich wieder einen Gang zurück schalten und mich noch mehr um meine eigenen Bedürfnisse kümmern muss.

Somit erstellte ich für mich selbst ein Programm und führte täglich aus den bereits benannten verschiedenen Entspannungsmethoden und Techniken verschiedene Übungen durch.

Dazu gehörten:

- Progressive Muskelrelaxation nach Jacobson
- Phantasiereisen, Körperreisen
- Körper- und Rückenübungen
- Elemente aus Tai Chi Qi Gong, Yoga, Achtsamkeit und Atemtechniken
- HRV-Biofeedback
- Gedankenstopp-Technik
- Entkatastrophisieren
- Positive Selbstinstruktion, positives Selbstgespräch
- Formelhafte Vorsätze

Zusätzlich bin ich jeden Tag spazieren gegangen und habe Nordic-Walking oder Radfahren betrieben.

Etliche werden sich jetzt fragen, wo und wie kann ich das erlernen?

Hierzu habe ich einige Vorschläge, z.B.:

- Volkshochschule (VHS)

    In fast jedem Ort gibt es eine VHS und hier werden oftmals sehr, sehr viele Vorträge, Kurse und Workshops zu den unterschiedlichsten Themen angeboten. In der Regel auch viele Angebote zur Stressprävention, Fitness und Entspannung.

- Krankenkasse

    Einfach mal vor Ort, am Telefon oder im Internet bei der zuständigen Kasse nach geeigneten Angeboten fragen. Hier bekommt man oft gute Informationen und viele Kurse werden auch noch bezuschusst.

- Fitnessstudio

    Hier werden immer öfter, zusätzlich zu den Geräten, verschiedene Kurse angeboten. Vielleicht ist etwas Passendes dabei.

- Betriebsstätte/Arbeit

    Im Rahmen der betrieblichen Gesundheitsförderung werden in immer mehr Firmen verschiedene Aktionen angeboten. Einfach mal nachfragen.

- Sportverein

    Hier können eventuell bei Bedarf einige Workshops und Kurse zustande kommen. Ist von Ort zu Ort aber unterschiedlich.

- Internet, Bücher, CD

    Im Zuge des Selbstlernens sind einige Methoden und Techniken auch so durchführbar. Allerdings sollte unbedingt darauf geachtet werden, dass es von Anfang an richtig und gut erlernt wird. Deshalb vielleicht erst zu Beginn die Übungen von einer realen Person zeigen lassen und dann auf die anderen Medien umschwenken.

- Trainer, Berater, Coach

  Damit etwas von der Pike auf richtig erlernt und auch verstanden wird, kann diese Methode, zumindest am Anfang, sehr wirkungsvoll sein. Allerdings bitte bei der Auswahl aufpassen, damit Sie nicht an eine(n) Falsche(n) geraten.

Damit ich überprüfen konnte, ob ich auf dem richtigen Weg bin und mir das alles auch wirklich gut tut, habe ich 1 x wöchentlich eine HRV-Analyse des vegetativen Nervensystems bei mir selbst durchgeführt.

Und siehe da:

Nach etlichen Wochen und Monaten des Übens haben sich meine Werte Stück für Stück verbessert. Es war beeindruckend für mich zu sehen, wie sich die Anstrengungen, Hartnäckigkeit und Ausdauer bei den Übungen bezahlt gemacht haben. Von anfänglich alarmierenden Werten bin ich zumindest wieder auf ein halbwegs normales Niveau gekommen.

Dies zeigte mir, dass ich auf dem richtigen Weg bin und so weiter machen muss.

Vieles ist in der Zwischenzeit wirklich besser geworden und ich konnte wieder etwas mehr am sozialen Leben teilnehmen.

Nichts desto trotz wurde meine Angst vor Krankheiten, vor Viren und Bakterien einfach nicht besser und diese Situationen verursachten nach wie vor große Stressreaktionen in meinem Körper.

Mir war bewusst, dass die häufigen Alarmreaktionen nicht gut für mich waren und ich viele Situationen einfach nur falsch bewertete. Bei sehr vielen Problemen und Störungen habe ich auch Lösungen erarbeiten und falsche Gedanken und Muster auflösen können. Nur die eine Thematik hatte mich leider nach wie vor im Griff. Bei weitem nicht mehr so schlimm wie früher, aber trotzdem noch sehr störend.

Dies konnte ich aber im Moment nicht ändern und deshalb habe ich die Situation akzeptiert, so wie sie ist.

Der Rückschlag

Die Wochen und Monate gingen ins Land und ich fühlte mich großartig. Die Zeit verging wie im Flug. In der Arbeit lief es bestens und nebenberuflich hatte ich nach wie vor nur sehr, sehr vereinzelt Termine wahrgenommen.

Ich habe sehr auf mich geachtet und nichts überstürzt. Die Übungen machte ich nach wie vor sehr gerne und meine HRV-Werte verbesserten sich zunehmend.

Ich war absolut gut drauf und mental sehr stabil.

Ich wusste um meine psychischen Störungen, welche ich vermutlich nie wieder ganz wegbringe, aber dies hatte ich akzeptiert und meinen Frieden damit gemacht.

Ich konzentrierte mich lieber auf die schönen und positiven Dinge im Leben, die ich trotz meines Handicaps machen konnte.

Somit verlief alles nach Wunsch und ich war dankbar und glücklich.

Nun stand wieder ein Termin bei meiner Psychiaterin an und meine Laune sollte sich noch erheblich steigern.

Wir besprachen den Verlauf der letzten Monate und waren von den bisher erreichten Ergebnissen begeistert. Da ich nach wie vor extrem stabil und gefestigt war, haben wir folgendes beschlossen:

Es war nun an der Zeit, die Tablettendosis zu reduzieren und eventuell danach sogar ganz auszuschleichen. Dies sollte ganz, ganz langsam und wohl dosiert geschehen.

Meine Freude kannte bei dieser Aussage keine Grenzen. Ich war überglücklich und absolut bereit dafür.

Wir vereinbarten, dass ich zunächst sehr langsam auf die Hälfte reduziere und diese Dosis dann einige Monate beibehalte.

Durch diese langsame und kleine Änderung sollten die Nebenwirkungen und Absetzerscheinungen nicht sonderlich spürbar sein.

Ich hielt mich an unseren Plan und habe über 6 Wochen gebraucht, bis ich die nun empfohlene Dosis erreicht hatte. Selbstverständlich habe ich mich in dieser Zeit genau beobachtet, ob es mir schlechter ging oder sonst irgendwelche Probleme auftauchten.

Aber zum Glück ging es mir nach wie vor sehr gut und ich konnte keine Veränderungen an mir feststellen. Ich war nach wie vor stabil, gefestigt und gut drauf.

Auch meine HRV-Werte wurden besser und besser. Somit war dieser erste Step von Erfolg gekrönt.

Nun behielt ich diese Dosierung einige Monate bei.

In der Zwischenzeit eröffnete mir mein Psychotherapeut, dass sich die Sitzungen schön langsam dem Ende näherten. Wir beide waren sehr gespannt, wie ich und insbesondere mein Körper auf diese Nachricht reagiert. Immerhin hatten wir eine lange Zeit miteinander gearbeitet und dies würde nun einen gewaltigen Einschnitt bedeuten. Aber auch hier war alles gut und ich reagierte nicht panisch, sondern freute mich sogar darüber. Ich war zwar unendlich dankbar über die Hilfe während meiner schwierigsten Zeit, aber nun wollte ich den Rest des Weges bei meinem Neustart alleine gehen.

Ich spürte und fühlte, dass ich nun bereit dafür war.

Mittlerweile sind einige Monate ins Land gezogen und ich fühlte mich immer noch top. Die HRV-Werte stiegen und stiegen und es verlief alles nach Plan.

Dadurch, dass es mir so gut ging, war nun auch die Zeit gekommen, meine Tabletten nach Absprache ganz auszuschleichen.

Wieder dasselbe Prozedere, damit ich so wenig wie möglich Nebenwirkungen oder Absetzerscheinungen bekomme.

Dies bedeutete, dass es zwischen 6 und 8 Wochen dauerte, bis ich dann tatsächlich auf Null war.

Während dieser Zeit beobachtete ich mich natürlich noch intensiver als vorher, damit ich bei Problemen oder Verhaltensstörungen sofort eingreifen könnte.

Mir war bewusst, dass dies keine leichte Zeit sein würde und trotz meiner Gewissenhaftigkeit es zu Problemen kommen kann. Deshalb wollte ich meinen Körper auch noch mehr unterstützen als eh schon und habe darum meine sportlichen Aktivitäten ganz leicht noch gesteigert. Zusätzlich gab es täglich noch mehr Entspannungsübungen oder sonstige mentale Techniken.

Es verlief alles prima und ich konnte es schon gar nicht mehr erwarten, dass ich endlich wieder tablettenfrei sein würde. Ich zählte schon die Tage und hatte mir im Kalender dick und fest meine allerletzte Medikamenteneinnahme angekreuzt.

Mein Ziel hatte ich fest im Visier und es waren bis dahin nur noch 2 Wochen. Nach wie vor ging es mir sehr gut und ich fühlte keinerlei negative Veränderungen zu vorher.

Allerdings sind meine HRV-Werte zum ersten Mal gesunken, was mir aber noch keine Sorgen bereitete. Mir war bewusst, dass durch die Herabsetzung der Dosis sich die Parameter verändern. Normalerweise wird zwar durch die Einnahme eines Antidepressivums der Wert schlechter und dem zu folge müsste ohne Medikament der Wert dann wieder besser werden, aber mir ging es gut und deswegen beobachtete ich das ganze erst mal nur.

Die Stimmung blieb auch in den nächsten Tagen unverändert gut, aber die HRV-Werte wurden schlechter und schlechter. Ich muss gestehen, dass ich deswegen schon ein wenig besorgt war. Es war mir ein wenig rätselhaft.

Ich hoffte dann auf bessere Werte, nachdem das Medikament vollkommen aus meinem Körper draußen sein würde.

Zu meiner großen Begeisterung war dann endlich der ersehnte Tag da. Meine allerletzte Dosis für diesen Tag und auch hoffentlich für immer.

Ich spürte unglaubliche Freude, Glück und immensen Stolz.

Trotzdem war mir klar, dass ich in den nächsten Tagen nach wie vor Absetzerscheinungen bekommen könnte und deswegen sehr auf mich acht geben musste.

Was soll ich sagen.

Mittlerweile waren 2 Wochen vergangen und mir ging es nach wie vor blendend. Ich hatte keine Verhaltensänderungen und fühlte mich wirklich wohl. Ab und zu spürte ich zwar eine minimale innere Unruhe, welche mich aber nicht weiter störte. Dies bezog ich auf die Ausschleichung und ging fest davon aus, dass es mit der Zeit wieder weg gehen würde.

Der einzige Wermutstropfen waren meine nach wie vor sehr schlechten HRV-Werte. Eigentlich hätten sie schön langsam wieder nach oben gehen müssen, was sie aber leider nicht taten. Ich ließ mir die gute Stimmung aber nicht verderben und hoffte immer noch auf bessere Werte in der nächsten Zeit.

Somit spulte ich in den Tagen darauf mein normales Programm routiniert herunter und freute mich des Lebens. Die Tabletten waren abgesetzt und die letzten Sitzungen meiner Psychotherapie standen bevor.

Es verlief alles nach Plan und ich war glückselig.

Doch im Leben kommt es erstens anders und zweitens als man denkt. Aus heiterem Himmel und für mich vollkommen überraschend erlitt ich eines Abends an einem Wochenende einen heftigen Rückschlag.

Der Tag begann noch ganz normal und ich verspürte keine Probleme. Am späten Nachmittag war dann schon eine gewisse Unruhe in mir und ich fühlte mich nicht mehr ganz so gut. Zusätzlich erhöhte sich mein Blutdruck und mein Puls fing an zu rasen. Ich zitterte, hatte einen dicken Klos im Hals und heftiges Herzrasen und Herzklopfen. Da mir diese Symptome wahrlich nicht fremd waren, wollte ich sofort geeignete Gegenmaßnahmen ergreifen.

Mir war bewusst, dass dies jetzt eine Stressreaktion (Alarmreaktion) des Körpers ist und ich irgendetwas als Bedrohung oder schwer zu bewältigen bewertete.

Deshalb musste eine Ablenkung her und ich ging draußen eine Weile schnell spazieren. Dies half leider gar nichts und ich konzentrierte mich nun auf meinen Atem.

Ich beschwor mich innerlich:

- Schön gleichmäßig und langsam ein- und wieder ausatmen.
- Du bist ruhig, gelassen und ganz entspannt.
- Du weißt, dass dies eine Reaktion des Körpers ist und dir nichts passieren kann.
- In wenigen Minuten wird es wieder leichter.
- Atme weiterhin ruhig ein und wieder aus.

Half leider immer noch nicht sehr viel und deshalb versuchte ich es weiterhin mit Ablenkung. Ich führte verschiedenste Methoden und Techniken aus, wie z.B. die Progressive Muskelreaktion nach Jacobson, Achtsamkeitsübungen, Wahrnehmungslenkung, Körperübungen, Phantasiereisen oder hörte Musik.

Aber es wurde nicht besser und dies war mir ein vollkommenes Rätsel.

Nun kamen noch zusätzliche Symptome dazu, wie Ohrsummen, flauer Magen, seltsam im Kopf, schreckhaft und permanentes Druckgefühl in der Herzgegend.

Ich war in höchster Anspannung und mir gingen tausend Gedanken durch den Kopf:

Soll ich den Notarzt rufen oder mich in die Notfallaufnahme fahren lassen?

Ist es doch etwas anderes als eine Panikattacke oder Alarmreaktion des Körpers?

Was soll ich tun?

Ich versuchte nochmals alle von mir erlernten Methoden und Techniken anzuwenden und von diesen schlechten und negativen Gedanken ein wenig weg zu kommen. Es wurde zwar nicht besser, aber zumindest hatte ich erreicht, dass sich die Geschichte nicht noch mehr hochschaukelte.

Somit verbrachte ich den Sonntag in einer extremen inneren Zerrissenheit mit all den heftigen Symptomen und entschloss mich, nicht ins Krankenhaus zu fahren.

Da ich sowieso nicht schlafen konnte und auch sonst keine Besserung eintrat, waren der Tag und die Nacht extrem lang.

Am nächsten Morgen rief ich dann sofort bei meiner Hausärztin an und bat um einen Termin.

An meinem Zustand hatte sich nichts geändert und ich hielt es schon fast nicht mehr aus. Ich wurde untersucht mit EKG und allem drum und dran. Organisch konnte nichts festgestellt werden, doch mein Blutdruck war bei 180/100. Mir wurde empfohlen, dass ich wieder Tabletten nehmen sollte. Mein Körper war scheinbar noch nicht so weit und benötigte noch den Wirkstoff. Ich sollte erst mal wieder zur Ruhe kommen und wurde deshalb krankgeschrieben.

Ich wollte zwar nie wieder solche Tabletten nehmen, aber da es mir wirklich dreckig ging, war ich eigentlich zu allem bereit.

Ich nahm sie also und hoffte auf schnelle Besserung.

Leider Gottes hatte sich an meinem Zustand nichts geändert. Nach wie vor heftige innere Unruhe, hoher Blutdruck, hoher Puls, Herzrasen, Herzklopfen, Ohrsummen, flauer Magen, seltsam im Kopf, zittern, schwitzen, schreckhaft und ein permanentes Druckgefühl in meinem Brustkorb.

Diesen Zustand hatte ich nun schon 4 Tage für jeweils 24 Stunden. Ich kam einfach nicht mehr runter und dies machte mich fast wahnsinnig. Ich hatte extreme Angst, dass ich deswegen Folgekrankheiten bekomme.

Dies kann doch nicht gesund sein und muss doch auch irgendwann jetzt wieder besser werden?, dachte ich mir.

Also wieder ab zur Ärztin.

Nach nochmaligen Untersuchungen wurde ich wieder beruhigt, dass organisch alles in Ordnung sei. Da allerdings mein Blutdruck auch beim Arzt nach einer Stunde immer noch bei 180/100 lag, wurde mir sehr nahe gelegt, die Dosis zu erhöhen. Mein Körper musste jetzt endlich wieder zur Ruhe kommen.

Dies tat ich und es dauerte noch 1 Woche, bis ich endlich ein wenig Linderung verspürte.

Ich machte nun einen Termin bei meiner Psychiaterin aus und besprach mit ihr die weiteren Schritte. Sie empfahl mir, die Dosis noch weiter zu erhöhen und zur Ruhe zu kommen. Dies tat ich und bat sie, mich nur so kurz wie möglich krank zu schreiben, da ich unbedingt wieder so schnell wie möglich arbeiten wollte.

Sie hielt das für keine gute Idee, da die Tabletten erst mal ihre Wirkung entfalten müssten und dies bis zu 6 Wochen dauern kann. Wir einigten uns zumindest auf einen Mittelweg und ich hoffte auf noch schnellere Genesung.

Mir ging es zwischenzeitlich unter Tags wieder etwas besser. In der Früh, abends und nachts hatte ich allerdings noch heftigste Probleme. Tag für Tag wurden sie aber minimal besser und so hoffte ich, bald wieder arbeiten zu können.

Etliche Tage später war es dann soweit und ich machte mich auf den Weg zur Firma. Zuvor hatte ich noch

Blutdruck gemessen und war mit dem Ergebnis zufrieden. Also dachte ich, dass nichts mehr im Wege stehen könnte.

Doch bereits nach einigen Kilometern Fahrzeit spürte ich absolute innere Unruhe, Herzrasen, Herzklopfen, Herzstechen, Herzpochen, zittern, schwitzen und mir wurde ganz schlecht. Kurzerhand blieb ich stehen und stieg erst einmal aus. Ich ging ein paar Schritte umher und konzentrierte mich auf die Atmung. Dann, nachdem ich etwas runtergekommen war, setzte ich mich wieder ans Steuer und fuhr weiter.

Endlich angekommen war ich ein komplettes Frack. Als ich die Firma betrat sahen mich meine Kolleginnen und Kollegen sehr besorgt an. Ich wollte aber unbedingt an meinen Arbeitsplatz und hoffte, dass sich meine Unruhe, Aufregung, Herzsymptome und extreme Nervosität dann mit der Zeit etwas beruhigen würden.

Dies war aber nicht der Fall und schon nach 2 Stunden musste ich leider abbrechen. Nachdem ich versprach, dass ich draußen erst mal spazieren gehe und mich erst wieder ans Steuer setze, wenn es mir wieder einigermaßen geht, verabschiedete ich mich.

Es folgten weitere Termine bei meiner Psychiaterin, meinem Psychotherapeuten und auch bei meiner Hausärztin zur Blutabnahme und EKG-Kontrolle. Selbstverständlich machte ich auch weiterhin meine Entspannungsmethoden und Techniken und überwachte meine HRV-Werte. Diese wurden mit der Zeit zum Glück auch wieder besser und somit hatte ich auch in dieser Beziehung ein besseres Gefühl.

Nach zusätzlichen Krankheitswochen ging es mir dann Gott sei dank endlich wieder zumindest so gut, dass ich ohne größere Probleme in den Arbeitsalltag einsteigen konnte.

Zur weiteren Unterstützung besprach ich mit meinem Psychotherapeuten, dass wir die auslaufende Therapie weiterführen wollen und beantragten eine Verlängerung, welche auch genehmigt wurde.

Ich stabilisierte mich immer mehr und war zwar noch längst nicht wieder so weit wie vor dem Rückschlag, aber zumindest auf einem guten Weg.

Grundvertrauen wiedererlangen in Körper und Geist

Obwohl es physisch und psychisch wieder bergauf ging, hatte mir dieser Rückschlag doch ziemlich zugesetzt. Das Vertrauen in den Körper war zu diesem Zeitpunkt einfach nicht mehr da. Ich hatte Angst, dass wieder völlig unvermittelt und ohne Vorwarnung diese heftigen Symptome auftreten und ich wieder absolut hilflos dem Ganzen gegenüberstehe.

Ich habe auch erst nicht verstanden, warum all die angewandten Methoden und Techniken diesmal nicht so gut funktionierten, obwohl sie mir vorher immer sehr gute Dienste erwiesen hatten. Erst später wurde mir klar, dass die gesamten Übungen und Verfahren zur Prävention hervorragende Arbeit leisten, aber in einer extrem akuten Phase dann doch oftmals nur unterstützend, aber nicht mehr nur alleine ausreichend sind.

Deshalb kann ich nur nochmals raten:

Handeln Sie bitte frühzeitig präventiv, damit es bei Ihnen erst gar nicht zu so heftigen Störungen und Krankheiten kommt.

Vielleicht hatte ich auch, nach dem es mir lange Zeit so gut gegangen ist, die Krankheit ein wenig unterschätzt und mir gedacht, dass ich für alle Zeit nun Ruhe damit habe.

Dieser Schuss vor den Bug hatte mich absolut wachgerüttelt und gezeigt, dass diese Krankheit auch erbarmungslos wieder zurückschlagen kann. Also war ich gewarnt und machte noch entschlossener meine Übungen.

Schön langsam hatte ich den Rückfall akzeptiert und begann nun ganz vorsichtig, mich wieder zu stabilisieren.

Ich hörte extrem in mich hinein und war auch ansonsten sehr achtsam, was meine Umwelt betrifft. Leider Gottes nahm ich vor allem die belastenden Situationen wieder verstärkt wahr. Ich hörte und sah oftmals schon Menschen husten, niesen oder schnäuzen, noch bevor sie selber es überhaupt wussten.

Mich hat der Rückschlag weit zurückgeworfen und ich musste jetzt wieder mühsam meine Psyche stärken und lernen, dem Körper und damit meinen Abwehrkräften und dem Immunsystem zu vertrauen.

Grundsätzlich habe ich sehr oft mir selbst gut zugeredet und versucht, dass positive Gedanken wieder überwiegen.

Ich sagte oftmals:

„Ich bin gesund!"

„Ich habe ein starkes Immunsystem!"

„Ich habe starke Abwehrkräfte!"

„Schau, wie gut dein Körper die Viren und Bakterien von den hustenden, niesenden und schnäuzenden Menschen abwehrt. Du wurdest jetzt schon so oft angehustet und angeniest und bist nicht krank geworden. Du bist gesund, hast ein starkes Immunsystem und starke Abwehrkräfte!"

Diese formelhaften Vorsätze und positiven Selbstinstruktionen habe ich mir immer und immer wieder vorgesagt.

Nun war es für mich an der Zeit, wieder ein wenig mehr am sozialen Leben teilzunehmen. Zu diesem Zweck wollte ich in kleinen Stücken wieder in Situationen gehen, welche für mich nach dem Rückschlag nur höchst schwierig möglich waren.

Zuerst stellte ich mir in Gedanken vor, wie ich z.B. in eine Veranstaltung gehe und diese freudig miterlebe. Dies machte ich mehrmals und somit holte ich mir zumindest geistig positive Erlebnisse.

Jetzt ging ich einen Schritt weiter und ging wirklich mit meiner Partnerin in einem gut besuchten Lokal essen. Ich wusste, dass es nur eine begrenzte Zeit ist und ich auch jederzeit wieder gehen könnte. Zusätzlich redete ich mir gut zu und überstand auch diese Situation zufriedenstellend.

Dies wiederholten wir ein paar Mal und es funktionierte. Natürlich ist nicht jeder Tag gleich und oftmals von der Tagesform abhängig, aber im großen und ganzen passte es.

Der nächste Schritt war ein Musical-Besuch mit einer Länge von 3 Stunden. Mir war zwar bewusst, dass ich auch hier rausgehen könnte, wollte es aber unbedingt durchziehen. So blieb ich die volle Distanz drin und meisterte auch diese Situation gut. Ehrlicherweise muss ich gestehen, dass bei dieser Veranstaltung wenige Menschen krank waren und es in meiner Nähe zu keinen nennenswerten „Krankheitsausbrüchen" gekommen ist.

Glück gehabt :-)

Nun ging es ans Eingemachte.

Eine Woche Urlaub in Italien mit einer Busreise in ein Hotel mit mehreren hundert Leuten. Dies ist für mich immer der ultimative Test, wie weit ich schon wieder bin. Vor allem mit 60 Menschen auf engstem Raum zusammengepfercht in einem Bus mit einer Fahrzeit von ca. 8 Stunden ist eine Konfrontationstherapie par excellence.

Hier gibt es keine Chance auf Vermeidung. Irgendwo wird immer, wirklich immer geniest, gehustet oder geschnäuzt.

Es war furchtbar und fast nicht auszuhalten, aber trotzdem stellte ich mich dem Ganzen.

Auch im Hotel ist es für jemanden wie mich nicht ganz so einfach. Hunderte von Menschen berühren beim Buffet die selbe Zange, Löffel oder ähnliches. Im Zimmer werden die Lichtschalter, Wasserhähne etc. vom Reinigungspersonal berührt und von den Liegestühlen am Strand möchte ich jetzt gar nicht erst sprechen.

Es gab also reichlich Gründe, warum ich eigentlich nicht fahren sollte. Stressreaktionen und Panikattacken waren vorprogrammiert und ich wusste auch nicht, wie stabil ich schon wieder bin. Ich stellte mich aber mental darauf ein und hatte ein gewisses Handwerkszeug über die Jahre erlernt.

Was soll ich sagen?

Trotz etlicher Probleme hat die erholsame Zeit überwogen und ich konnte ganz wunderbare Eindrücke vom Meer, Sandstrand, Sonne und das Lebensgefühl allgemein mitnehmen.

Ich möchte auch noch betonen, dass ich diese Reise freiwillig machte und nicht von meiner Partnerin dazu „gezwungen" wurde :-)

Ich hatte mich also wieder Stück für Stück zurück gekämpft und auch Rückschläge konnten meinen Willen nicht brechen.

Für ein gesundes, glückliches und zufriedenes Leben werde ich immer alles in meiner Macht stehende tun und niemals aufgeben.

Persönliche Sichtweisen, Überzeugungen und ein kurzes Fazit

Jetzt erzähle ich Ihnen, wovon ich überzeugt bin und was ich darum gerne weitergeben möchte.

Dies ist natürlich nach wie vor keine wissenschaftlich fundierte Analyse, die ich hier wiedergebe, sondern es sind meine ganz persönlichen Erfahrungswerte.

Sollten Sie Veränderungen im psychischen und/oder physischen Bereich erkennen oder von anderen darauf hingewiesen werden, würde ich folgendes raten:

Frühzeitig aktiv werden, abklären lassen und handeln.

Deshalb:

Der erste Schritt ist meines Erachtens ein kompletter Check beim Hausarzt, damit man eine körperliche Krankheit ausschließen kann. Wenn nichts gefunden wird, auch nicht nach der x-ten Untersuchung, dann sollte man sich selbst eingestehen, dass man Probleme hat und Hilfe braucht. Bitte unbedingt helfen lassen, denn die Probleme gehören bearbeitet und man muss auch erst einmal lernen, die gesamte Thematik zu verstehen.

Der Ablauf ist also Hausarzt, eventuell Trainer/Berater/Coach (bei noch Gesunden), bei psychischen Störungen dann unbedingt Psychotherapeut und/oder Psychiater. Ergänzend kommt dann auch noch eine Akut- und/oder Reha-Klinik in Betracht. Ganz unterschiedlich, je nachdem ob und wie die Behandlung anschlägt.

Bei Trainer/Berater/Coach bitte aufpassen. Sie dürfen in der Regel nur mit gesunden Menschen arbeiten. Bei psychischen Störungen oder sonstigen Krankheiten sind sie nicht mehr zuständig.

Darum möchte ich auch hier noch mal ganz klar festhalten und mich abgrenzen:

Ich bin weder Arzt noch Heilpraktiker und führe keine Behandlungen, Diagnosen oder Indikationen im klassischen medizinischen Sinne durch. Mein Tätigkeitsschwerpunkt liegt im Bereich der Aufklärung, der Gesundheitserhaltung, Förderung und Prävention.

Meine Klienten sind gesunde oder gerade noch gesunde Menschen, die voll verantwortlich für sich selbst sind und Entspannung, Stressbewältigung und Beratung suchen.

Aus eigener Erfahrung habe ich zudem folgendes festgestellt:

Obwohl in Deutschland sicherlich sehr viel Geld in verschiedenen Bereichen sinnlos verschwendet wird, möchte ich trotzdem oder gerade deshalb, gerne auch mal danke sagen und eine Lanze für das deutsche Gesundheitssystem brechen.

Wenn man offen und ehrlich mit allen Beteiligten, sprich Ärzte, Psychiater, Psychotherapeuten, Krankenkasse und Arbeitgeber, das bestmögliche Ergebnis anstrebt, nämlich die Wiederherstellung der Gesundheit und man selber, sei es mit den letzten Kraftreserven, intensiv so gut wie möglich mitarbeitet, kann ein Rädchen ins nächste greifen und es wird von allen alles versucht, um in ganz kleinen Schritten wieder in eine positive Richtung zu gehen.

Natürlich bedarf es ab und zu ein wenig Druck und Widerstand bei zu unrecht abgelehnten Anträgen, aber im großen und ganzen läuft es nicht so schlecht.

Aber eines ist auch klar. Man muss von sich aus den absoluten Willen haben, wirklich etwas verändern zu wollen. Nur dann besteht die Möglichkeit auf eine positive Weichenstellung.

Niemand darf davon ausgehen, dass es einfach wird. Oh nein, wahrlich nicht.

Es wird sogar ein sehr langwieriger, harter und steiniger Weg.

Man wird an seine absoluten Grenzen gehen müssen und manchmal sogar darüber hinweg.

Es wird Rückschläge geben und Tränen werden fließen.

Aber, und jetzt kommt das große Aber!

Im Laufe der Zeit hat man sehr viel von sich und seiner Krankheit verstanden.

Man lernt seinen Körper und die Abläufe besser verstehen und entwickelt ganz eigene Strategien für sein weiteres Leben.

Kurz um, man wird für sein Durchhaltevermögen reichlich beschenkt und es lohnt sich wirklich sehr, dafür zu kämpfen.

Zusammenfassung

Alleine in Deutschland leiden Millionen von Menschen an psychischen Störungen. Durch schauspielerische Höchstleistungen wird dieser Zustand oftmals so gut überspielt, dass nicht einmal Familienmitglieder, engste Freunde oder Bekannte etwas mitbekommen.

Dass auch ich einmal davon betroffen sein könnte, hätte ich nie gedacht.

35 Jahre habe ich ohne erkennbares Anzeichen ein wunderbares, glückliches und absolut „normales" Leben geführt. Selbstverständlich gab es einige einschneidende Erlebnisse, welche aber schon lange zurück lagen und mich bis zu diesem Zeitpunkt scheinbar nicht über die Maßen belasteten.

Doch hier irrte ich gewaltig.

Oftmals verdrängen wir etwas, legen es dann sozusagen in eine innerliche Schublade ab und machen diese zu. Dort packen wir dann im Laufe der Zeit noch traumatische Kindheitserlebnisse (z.B. Krankheits- u. Todesfälle), unverarbeitete Gefühle/Emotionen (z.B. Trauer, Wut, Hass) und sonstige belastende Lebensereignisse (z.B. Unfälle, Stress) dazu und plötzlich sind wir an einem extrem gefährlichen Punkt.

Kurzfristig stellt dies meistens keine Gefahr dar.

Langfristig kann es aber im verdrängten und unbehandelten Zustand sehr wohl gravierende Schäden, wie psychische Störungen oder sonstige Krankheiten nach sich ziehen. Oftmals geschieht dies erst Jahre und Jahrzehnte nach gewissen Ereignissen.

Es muss natürlich nicht, aber es kann.

Viele Menschen werden absolut keine Probleme bekommen und ein ganz normales Leben führen können. Bei etlichen anderen aber schlägt das Pendel leider in Richtung Krankheit.

Wichtig ist:

Wenn eine negative Veränderung selbst festgestellt oder man auf eine Wesensveränderung angesprochen wird, sollte man sich ehrlich selbst hinterfragen und schnellstmöglich Hilfe suchen.

Je eher man sich helfen lässt, umso günstiger ist die Prognose auf eine weitgehende oder sogar vollständige Gesundung.

Wenn zu lange gewartet wird und das Ganze schon über Jahre und Jahrzehnte in einem schlummert und nicht verarbeitet wurde, kann es leider urplötzlich ausbrechen. Nur ist dann leider alles schon so extrem festgefahren und falsche Verhaltensweisen und Gedanken so tief in einem verwurzelt, dass es nun äußerst beschwerlich und schwierig ist, die Störungen zu bearbeiten.

Ich stand auch vor einem Rätsel und war komplett verunsichert und hilflos. Ich wusste nicht, wie mir geschieht und was jetzt eigentlich los ist. Ich ging physisch und psychisch über Jahre durch die Hölle.

Erst ein kompletter Zusammenbruch hat mir die Augen geöffnet und mir war nun klar, dass ich dringendst Hilfe benötige.

Ich habe akzeptiert, dass es eine Krankheit ist und ich für diesen Zustand absolut nichts kann.

Niemandem muss es peinlich sein oder sich dafür schämen.

Im Laufe meiner Behandlungszeit habe ich viele Betroffene mit ähnlicher oder gleicher Diagnose getroffen und kennengelernt.

Hierbei ging es vor allem um:

Generalisierte Angststörung, Hypochondrische Störungen, Panikstörung, Zwangsgedanken, Grübelzwang und depressive Störungen (mittlere bis schwere Episode).

Ich habe schnell gemerkt, dass ich wahrlich nicht alleine damit bin und dies hat mir sehr gut getan. Es ist zwar traurig, dass es doch so viele Menschen betrifft, aber mental habe ich sehr viel Kraft daraus gezogen.

Nun war mir endgültig klar:

Es kann jeden treffen!

Ich kann nur noch einmal dringend appellieren, frühzeitig Hilfe in Anspruch zu nehmen. Je früher, desto besser.

Höchstwahrscheinlich wird es ein extrem beschwerlicher Weg und Rückschläge werden nicht ausbleiben. Aber aus eigener Erfahrung kann ich nur sagen, dass sich diese Anstrengungen absolut lohnen können.

Selbstverständlich gibt es auch bei mir immer wieder einige schlechte Phasen. Meine Hauptprobleme werden nie mehr ganz verschwinden und dies habe ich akzeptiert. Es ist einfach so wie es ist und jetzt gilt es, dass Beste daraus zu machen.

Ich habe meine Lebensplanung ein wenig umgestellt und befasse mich nun mit neuen Aufgaben und Sachen. Dies erfüllt mich enorm und ich habe auch nicht mehr einen so großen Erfolgs- u. Erwartungsdruck.

Ich achte jetzt viel mehr auf mich und trotz meiner psychischen Probleme liebe ich das Leben.

Deshalb kann ich mich nur wiederholen:

Lassen Sie sich bitte helfen und versuchen auch selbst alles, um wieder ein halbwegs vernünftiges Leben führen zu können.

Es lohnt sich wirklich.

Wenn ich es einigermaßen geschafft habe, dann können Sie es auch.

Nur Mut!

Zum Abschluss will ich einige Aussagen nochmal erwähnen, welche mir sehr am Herzen liegen und wovon ich felsenfest überzeugt bin.

- → Das Wichtigste im Leben ist die Gesundheit!
- → Psychische Störungen können jeden treffen!
- → Frühzeitig handeln und helfen lassen ist immens wichtig!
- → Die Akzeptanz der Situation ist ein wichtiger Schritt!
- → Achte auf Dich und Deine Bedürfnisse (Achtsamkeit/Selbstliebe)!
- → Halte Dich an hilfreiche und positive Menschen und vermeide alle, die Dir nicht gut tun!
- → Stress ist messbar bzw. es kann die Frage beantwortet werden, ob der Körper noch in der Lage ist, mit Stress umzugehen (HRV-Analyse des vegetativen Nervensystems)!
- → Individuelle Stress(oren)analyse und Aufklärung sind elementar wichtig!

- → Entspannung und Stressbewältigung sind durch verschiedene Methoden und Techniken erlernbar!
- → Unter Stressmanagement versteht man einzelne Methoden, die das Ziel haben, belastenden Stress zu verringern, abzubauen oder gar nicht erst entstehen zu lassen!
- → Beim Zeitmanagement geht es vor allem darum, Aufgaben zu hierarchisieren und sich die Zeit bewusst einzuteilen!
- → Coaching ist kein Zeichen von Schwäche, sondern eine individuelle, unterstützende Betreuung des Klienten zur Problemlösung, Zielfindung und Leistungssteigerung!
- → Denke positiv und rede Dir gut zu (positives Selbstgespräch)!
- → Nimm Dir Zeit!
- → Tue es gelassen!
- → Eins nach dem anderen!
- → Sage zu Dir selbst und glaube auch daran: Ich schaffe dass!
- → Lache! Entweder mit oder ohne Grund, ganz egal. Lachen ist unglaublich wichtig und tut so gut!

Zu guter Letzt:

Das Leben ist schön und ich liebe es. Dies ist nicht einfach nur so dahingesagt, sondern meine ganz persönliche Überzeugung.

Natürlich ist es nicht immer einfach, weder für mich, noch für meine Umgebung. Ich habe meine Eigenarten und werde gewisse Störungen auch nie mehr ganz wegbekommen.

Aber ich werde daran arbeiten und ansonsten das Leben genießen, so gut es mir möglich ist.

Versuchen Sie es doch auch, es kann sich absolut lohnen.

In diesem Sinne:

Ich hoffe wirklich, dass ich den betroffenen Menschen ein wenig Mut gemacht habe und zu den glücklicherweise noch Gesunden möchte ich sagen: Handeln Sie bitte frühzeitig präventiv, damit Sie erst gar nicht in so eine Situation geraten.

Herzlichst
Konrad Zenz

www.konrad-zenz.de